EL PODER DE UNA VEZ MÁS

ED MYLETT

EL
PODER DE
UNA
VEZ MÁS

LA GUÍA DEFINITIVA
PARA CONSEGUIR EL ÉXITO

EMPRESA ACTIVA

Argentina – Chile – Colombia – España
Estados Unidos – México – Perú – Uruguay

Título original: *The Power of One More*
Editor original: John WIley & Sons Inc.
Traducción: María Ubierna

1.ª edición Junio 2023

Copyright © 2022 *by* Ed Mylett
All Rights Reserved
© 2023 *by* Urano World Spain, S.A.U.
Plaza de los Reyes Magos, 8, piso 1.º C y D – 28007 Madrid
www.empresaactiva.com
www.edicionesurano.com

ISBN: 978-84-16997-81-7
E-ISBN: 978-84-19497-82-6
Depósito legal: B-6.786-2023

Fotocomposición: Ediciones Urano, S.A.U.
Impreso por Romanyà Valls, S.A. – Verdaguer, 1 – 08786 Capellades (Barcelona)

Impreso en España – *Printed in Spain*

*Dedicado al hombre que me enseñó el verdadero
significado de «una vez más», mi padre,
Edward Joseph Mylett, Jr.*

Contenido

Introducción

EL PODER DE UNA VEZ MÁS ES LA CULMINACIÓN
DE UNA FILOSOFÍA que he ido desarrollando desde hace
más de 30 años.

En el fondo, *El poder de una vez más* trata de tu voluntad de hacer una repetición más, una llamada telefónica más,
levantarte una hora antes, establecer una relación más o hacer una cosa más de lo que tu situación requiera.

**Puedes encontrar tu mejor vida haciendo «una vez más»
de lo que el mundo espera de ti.**

Escribí *El poder de una vez más* para transformar tu vida
adoptando estrategias que he utilizado con éxito una y otra
vez. Al vivir una vida «una vez más» puedes cambiar completamente tus relaciones, finanzas, emociones, la forma de
hacer negocios, tu perspectiva de la vida y mucho más.

No has nacido para ser normal o corriente. Has nacido
para hacer algo grande con tu vida. Es lo único que sé sobre ti.

El poder de una vez más es un contrato dinámico entre
nosotros. Es un importante intercambio de ideas y conocimientos. Dependiendo de quién seas, lo que voy a enseñarte
tendrá un impacto diferente en cada uno. Al cambiar tu forma de pensar y actuar, encontrarás respuestas en las áreas de
la vida que más te importan.

Lo bueno de todo esto es que, la mayoría de las veces, las respuestas son relativamente sencillas.

Pero, por las razones que sean, es posible que no hayas sido capaz de verlas o resolverlas por ti mismo. Averiguar por dónde empezar puede resultar desalentador. La mayoría de la gente tiene la impresión de que hay mil cosas diferentes que debe hacer para cambiar su vida. Nada más lejos de la realidad.

He aprendido, y tú también lo harás, que a menudo basta con hacer las cosas una vez más. Y con frecuencia, es solo un paso más para llegar a donde estás ahora.

Empieza con UNA VEZ MÁS.

Estás mucho más cerca de cambiar tu vida de lo que crees. **Estás a una reunión más, una relación más, una decisión más, una acción más o un pensamiento más de llevar la vida que te mereces.** *El poder de una vez más* **te desafía a que te vuelvas hiperfocalizado y adicto a la búsqueda de los «una vez más» en tu vida.** Cuanto más empieces a verlos y a ejecutar las acciones para realizarlos, más cambiará tu vida.

Los pensamientos y las acciones individuales que se llevan a cabo no tienen por qué ser profundos. Sin embargo, cuando se combinan estos pequeños pensamientos y acciones y se apilan unos sobre otros, los cambios resultantes a lo largo del tiempo sí son profundos.

Te enseñaré a cumplir las promesas que te hagas a ti mismo, creando un sistema de creencias interno de que estás destinado a una vida mejor de la que tienes ahora. Cuando aplicas las estrategias «una vez más», vives según una serie de principios que están por encima de los de la mayoría de la gente.

Este no es solo un libro de «cómo tener éxito en los negocios» o «cómo tener éxito en tus relaciones», aunque para algunos lo será. Para la mayoría de lectores, este libro tendrá varias aplicaciones. Por eso debes pensar en él como un libro de **«cómo tener éxito en tu vida»**. Tu reto es tomar estas estrategias y aplicarlas a las áreas de tu vida que te importan.

No hay palabras desperdiciadas en estas páginas, pero algunas partes de este libro conectarán contigo más que otras. Algunos principios desafiarán tu forma de pensar, tus creencias y tus valores. Y otros serán como darte una ducha de agua fría y cambiarán tu vida para siempre. He diseñado a propósito estas estrategias para que sean también universales. Vas a leer principios que se aplican a *todas* las personas en *todos* los ámbitos de la vida.

Puedes sacar lecciones de cada capítulo tanto si eres un deportista de clase mundial, un director general, una estrella en el mundo de los negocios, un padre o incluso si todavía estás en la universidad. Hay quien utilizará este libro para transformar su vida por completo. Otros se centrarán en ideas para mejorar partes específicas de la vida que son insuficientes o problemáticas.

Estoy seguro de que *El poder de una vez más* te calará hondo porque, en muchos aspectos, soy como tú. No soy la persona que era cuando comencé mi propio viaje de transformación. Al igual que tú, a veces he tenido problemas. Entiendo lo que es preocuparse por el dinero, las relaciones y mi propósito en la vida. Sé lo que es la falta de confianza, caer en una depresión y preguntarse si alguna vez me sentiré feliz. He sido más que pobre, hasta el punto de no poder pagar la factura del agua en un apartamento en el que vivíamos mi mujer y yo.

Me he enfrentado a problemas de salud.

He perdido a personas cercanas a mí.

Y a lo largo de los años **he luchado contra la duda, la frustración, el miedo y la ansiedad.**

He vivido sin tener las respuestas. Peor aún, también he estado en lugares en los que no sabía qué caminos tomar para encontrar las respuestas que tan desesperadamente buscaba.

Para aquellos que han vivido en una familia estresante o disfuncional, también sé lo que es eso. Más adelante en este libro te contaré los desafíos personales a los que me enfrenté al ser criado por un padre alcohólico que también era mi héroe, y cómo eso impactó en mi autoestima.

De hecho, una de las razones por las que he llegado a ser tan competente en el aprendizaje de cómo crecer es porque tenía un lugar muy lejano del que partir. La verdad es que necesitaba aprender a crecer para poder funcionar, simplemente para poder alcanzar una línea de base.

Lo bueno de todo esto es que reforzó mi creencia de que las personas pueden cambiar radicalmente sus vidas. Lo he visto de primera mano al ver cómo mi padre ha cambiado a lo largo de los años.

También escribí *El poder de una vez más* porque después de años y años de sufrimiento, y de ensayo y error, aprendí lo que se necesita para tener éxito en la vida. He pagado un precio, pero ahora sé cuáles son muchas de las respuestas y lo que se necesita para ganar.

A lo largo del camino, también he visto a buenos amigos y socios comerciales perseguir lo que creen que es divertido a costa de ganar. Lamentablemente, se distraen y pierden de vista lo bien que sienta ganar. Entonces gastan mucho más tiempo y energía intentando llegar a un lugar en el que ya podrían haber estado.

Cuando empecé, a menudo dejaba de lado la diversión en favor de la victoria. Lo irónico es que no tardé en darme cuenta de que **ganar es divertido**. De hecho, una de las citas por las que soy más conocido es: «Ganar es más divertido que la diversión». Cuando termines de leer este libro, espero que también pienses lo mismo.

Llevo 30 años viviendo según estos principios, aplicando lo que he aprendido para diseñar mi mejor vida. Mi objetivo con *El poder de una vez más* es ayudarte a identificar tus talentos, dones y habilidades, y luego maximizarlos para tu propio bien y el de las personas que te rodean.

Muchos libros de superación personal y rendimiento que leo dicen lo mismo una y otra vez. No sé tú, pero yo pierdo el interés después de un par de capítulos. Me propuse hacer que *El poder de una vez más* fuera diferente en ese sentido. Las estrategias y filosofías que voy a compartir contigo son únicas en sí mismas.

***El poder de una vez más* te enseña a combinar tus dones con pensamientos dirigidos e intencionales y acciones enfocadas.** Eso te da los recursos que necesitas para producir los estándares, metas y resultados que mereces. Cada uno de los principios que comparto en estas páginas ha funcionado para mí más allá de mis sueños más salvajes. También soy modesto y consciente de que he sido dotado de una cierta cantidad de suerte y de las bendiciones de Dios.

Tú también tienes tu propia versión de estos mismos dones. Pero, al igual que yo, también tienes que ponerte a trabajar y mantener la mente abierta cuando se trata de hacer cambios en tu vida. En muchos casos, esos cambios no serán fáciles al principio. De hecho, cuanto más valioso sea un objetivo y más cambios se produzcan para alcanzarlo, más resistencia encontrarás. Anticípalo y prepárate para ello.

Cuando te pones en el estado de ánimo adecuado y eres mentalmente fuerte, tienes éxito más a menudo de lo que lo harías de otro modo.

*El poder de una vez más e*s el producto de años y años de cómo he vivido, crecido y cambiado mi vida para producir riqueza, felicidad y relaciones significativas con la gente que me importa de verdad. Quiero compartir las lecciones que he aprendido contigo para que tú también puedas llevar tu mejor vida.

Enfoca *El poder de una vez más* como una llave que abrirá tu mente, y puede que te sorprenda cómo **un pensamiento más y una acción más cambiarán tu vida para siempre.**

Recuerda que tú y yo somos muy parecidos.

Si yo puedo hacerlo, tú también puedes.

1

Una identidad más

«Siempre dicen que el tiempo cambia las cosas,
pero en realidad eres tú el que tiene que cambiarlas».

—ANDY WARHOL

EN MUCHOS SENTIDOS, LA REMODELACIÓN DE TU
IDENTIDAD ES EL CONCEPTO MÁS FUNDAMENTAL
de lo que significa ser un pensador y hacedor «una vez
más».

Tu identidad es un motor poderoso e influyente que
gobierna los resultados en todos los aspectos de tu vida. La
identidad define los límites de tu éxito, tus finanzas y tus
logros. Controla la calidad de tus emociones, relaciones y
autoestima.

¿Qué es exactamente la identidad? La defino como los
pensamientos, conceptos y creencias que tenemos como las
partes más genuinas de nuestro ser interior. Puedes poner
una cara o actuar de una manera determinada frente al resto del mundo, pero no puedes mentirte a ti mismo cuando
se trata de estas cosas. **En el fondo, sabes lo que es verdad
sobre ti.**

Dicho de otro modo, la identidad es esto: lo que percibimos de nosotros mismos es lo que creemos de nosotros mismos.

Esta es la paradoja de la identidad. Muchas personas saben que podrían mejorar su vida de forma significativa si cambiaran su identidad. Sin embargo, muchas de ellas no están dispuestas a dar los pasos necesarios, incluso cuando es en su propio interés.

¿Estás dispuesto a sacrificar lo que eres por lo que podrías ser? La respuesta debería ser un rotundo «¡Sí!». Es una conclusión lógica y parece obvia, así que es un misterio por qué mucha gente sufre con esta pregunta fundamental. No te pusieron en este mundo para ser un pasmarote o un trozo de carbón en el suelo. Tu misión es seguir creciendo, expandiéndote y aprendiendo para llevar una vida plena y feliz. Cuando hagas estas cosas, tu identidad cambiará.

La identidad es tan importante porque desbloquea muchas otras cosas increíbles en tu vida. Cuando creas una identidad «una vez más», te das el regalo de tomar el control dictando mensajes internos en lugar de ser gobernado por fuerzas externas que han estado socavando tu felicidad, posiblemente desde el día en que naciste.

Tu identidad se forma en la infancia

De niño eras un lienzo en blanco. Eras impresionable, feliz y tolerante.

No tenías ninguna razón para creer que el mundo exterior quería hacerte daño de alguna manera. Poco a poco, aprendiste a funcionar en el mundo basándote en lo que te enseñaron tus padres, familiares, amigos, profesores y otras personas con las que estuviste en contacto.

Por supuesto, muchas personas tenían buenas intenciones. Sin embargo, eso no significa que lo que te enseñaron fuera siempre correcto. La cosa es que nadie tiene siempre la razón. Cuando eras niño, aceptabas mucho de lo que te decían, fuera bueno o malo. Tu identidad se convirtió en las partes buenas y malas de cómo otras personas influyeron en ti. Lo desafortunado es que estabas indefenso. Tu capacidad de pensamiento crítico no existía para darte las herramientas que necesitabas para sobrevivir en el mundo.

A medida que crecías, empezabas a confirmar tu identidad. Si alguien decía que no eras un buen estudiante o que eras un pésimo deportista, eso se convertía en parte de tu identidad. Todavía no tenías la capacidad de desmentir lo que te decían. Llegabas a la edad adulta y llevabas contigo esas creencias sobre ti mismo. Tu identidad había echado raíces. Tus limitaciones se convirtieron en parte de ti y, como estaban tan arraigadas, ni siquiera estabas seguro de su origen.

Es mucho equipaje para llevar encima, ¿no?

Cuando tuviste la edad suficiente y fuiste capaz de cuestionar tu identidad, ya vivías con la identidad que habías adoptado en un momento en el que no tenías elección. Por supuesto, esto supone que eres consciente de cómo te afecta tu identidad. Mucha gente simplemente va por la vida, fastidiada y sin éxito, sin saber nunca muy bien por qué.

Sin embargo, como pensador «una vez más», ahora eres consciente, y puedes **cambiar tu identidad en cuanto tengas la intención** de hacerlo. He aquí cómo.

Ajusta tu termostato de identidad

Ya he hablado brevemente de tu termostato de identidad en el pasado, pero ahora quiero darte más detalles sobre cómo puede funcionar este concepto en tu favor.

Tu identidad es la fuerza que gobierna tu vida y regula tus resultados. Piensa en ella como en un termostato. **Tu termostato interno establece las condiciones de tu vida.**

Entras en una habitación y, si hace demasiado calor o demasiado frío, buscas un termostato para ajustar la temperatura a lo que te gusta. No importa cuáles sean las condiciones externas. La temperatura puede ser de 37 grados en el exterior, pero si el termostato está ajustado a 24 grados, se pone en marcha y el aire acondicionado enfría la temperatura y regula el ambiente. Lo mismo ocurre cuando hay 0 grados en el exterior. El termostato se pone en marcha y calienta la habitación a 24 grados.

Tu vida funciona exactamente igual. Si eres una persona de 24 grados, enciendes los aires acondicionados de tu vida y la enfrías hasta lo que crees que vales. Esto es lo que ocurre cada vez que tus resultados empiezan a superar tu identidad. Inconscientemente enciendes los aires acondicionados de tu vida y la enfrías hasta lo que crees que mereces.

Al igual que un termostato, tu identidad regula tu autoestima interna. Regula tus acciones y resultados. Muchas personas tienen la falsa suposición de que los factores externos son los que regulan su termostato. Creen que conseguir un ascenso, casarse con el amor de su vida o conseguir un título superior en la universidad determina su identidad.

Si no elevas tu identidad, tarde o temprano encenderás el aire acondicionado de tu vida, y esa temperatura volverá a bajar a 24 grados, o alguna otra temperatura que no quieres, simplemente porque no te hiciste cargo y no decidiste qué identidad querías.

Sin embargo, si tu termostato está ajustado de la manera correcta, trascenderá las condiciones y encontrarás el éxito sin importar las condiciones externas.

La verdad es que puedes adquirir todos los talentos, habilidades y destrezas que quieras, pero hasta que no se alineen con tu identidad, no alcanzarás los objetivos que te has marcado. Esto se aplica a todos los ámbitos.

Por ejemplo, piensa en tu identidad en cuanto al ejercicio físico. Supongamos que en un momento de tu vida has perdido nueve kilos. A pesar de contar con las mejores recetas para adelgazar o las mejores rutinas de entrenamiento, un año más tarde has vuelto a ganar todo ese peso y estás justo donde empezaste. Esto se debe a que, cuando el termostato de tu identidad en este ámbito está ajustado a 24 grados, significa que te sientes cómodo cargando con 9 kilos de más, y por mucho que lo intentes, siempre volverás a ese ajuste de 24 grados.

Puedes tomar todas las medidas correctas con la dieta y el ejercicio, pero si tu termostato interno no está ajustado para el éxito y se mantiene en 24 grados, eventualmente volverás a tu antigua configuración del termostato al comer los alimentos equivocados o dejar de hacer una rutina firme de ejercicios. Utilizarás las circunstancias externas para encontrar formas de enfriarte hasta lo que tus circunstancias internas creen que vales.

Te voy a poner otro ejemplo. Tal vez te vaya bien financieramente, pero no consigues alcanzar el siguiente nivel de riqueza que crees que mereces. Puede que quieras tener 10 millones de dólares en el banco. Sin embargo, hasta que no subas tu termostato para creer que tu identidad vale 10 millones de dólares, aunque ganes esa cantidad de dinero, tu termostato acabará por enfriarte hasta lo que tu identidad cree que vales. Puede tardar unos años, pero al final, a menos que cambies ese termostato interno, empezarás a experimentar contratiempos financieros.

Lo más probable es que este tipo de situaciones y muchas otras sean algo que ya hayas vivido.

No hay escasez de información, entrenamiento o caminos hacia el éxito en cualquier parte de tu vida. Por lo tanto, las barreras para el éxito se encuentran dentro de ti. Por eso puedes hacer todo lo correcto y aun así no obtener los resultados que querías.

¡Recuerda este punto clave! Inconscientemente, siempre encontramos una manera de volver a donde nuestro termostato está fijado en función de lo que creemos que valemos.

En pocas palabras, **no puedes alcanzar 37 grados de bienestar o riqueza con un termostato ajustado a 24 grados de bienestar o riqueza.** Tu termostato te encierra hasta que puedas crear una nueva identidad que desencadene el crecimiento y el cambio.

Esto no quiere decir que no puedas alcanzar el éxito, porque lo harás en muchos casos. Sin embargo, a menos que ajustes tu identidad en el camino, tu termostato te llevará de vuelta a donde tu identidad está fijada.

Normalmente, la mayoría de las personas culpan a fuerzas externas cuando esto sucede. ¿Te suenan estos ejemplos?

«Me lesioné la espalda y no pude hacer ejercicio durante ocho semanas, y entonces perdí el interés por ponerme en forma».

«La economía cambió y perdí mucho dinero
en la bolsa, así que renuncié a mi sueño de tener
10 millones de euros».

Si tu termostato no está lo suficientemente alto, los verás como coincidencias, karma o mala suerte que conspiran contra ti. Pero no es eso lo que son. Si tu termostato está lo suficientemente alto, son poco más que contratiempos temporales.

Sin embargo, la diferencia entre ti como persona «una vez más» y los demás es que los considerarás como obstáculos en el camino hacia tus objetivos. **No utilizarás los contratiempos temporales como excusa para crear fracasos permanentes.** Tendrás las agallas necesarias para gravitar hacia el lugar en el que se encuentra tu termostato y, finalmente, subirás a esa temperatura.

Recuerda que, como persona «una vez más», el cambio se produce al pensar y actuar. Este libro no trata de hacer una cosa o la otra. **Debes hacerlas al unísono.** Cuando piensas y actúas en congruencia, no enfrías tu termostato. Por el contrario, estás mejor posicionado para subir tu termostato y lograr los resultados que mereces.

La trilogía del cambio de identidad

Una vez que aceptas el concepto de que cambiar tu identidad es la clave para cambiar tu vida, la pregunta es: «¿Cómo reajusto mi termostato para crear mi nueva identidad?». Ese proceso está anclado en una trilogía de principios básicos: fe, intenciones y asociaciones.

Fe

Según Mateo 17:20-21: «En verdad os digo que, si tuvierais fe como un grano de mostaza, le diríais a aquel monte: "Trasládate desde ahí, hasta aquí", y se trasladaría. Nada os sería imposible».

Nada mueve montañas como la fe. Lo mismo ocurre con el ajuste de tu termostato para que puedas trasladar tu identidad también a un nuevo lugar. Si eres una persona de fe, tanto si practicas el cristianismo, el budismo, el hinduismo, el islam, el judaísmo o cualquier otra enseñanza religiosa, fundamentalmente, crees que tu Dios te ama.

Como parte de mi fe, creo que vengo del ADN más extraordinario del mundo: el ADN de Dios. Como una extensión de esto, también creo que Dios no me hizo a su imagen para vivir con un termostato ajustado a 24 grados. Mi Dios, y también tu deidad espiritual, nos creó para vivir una vida plena basada en la fe con un termostato ajustado a 37 grados.

Mucha gente dice que lleva una vida basada en la fe, pero ¿cuántos de nosotros decimos que tenemos a Dios y la fe en todas las partes de nuestra vida? Varias personas que conozco leen la Biblia, van a la iglesia y son personas bondadosas y cariñosas. Pero ¿estas mismas personas extienden su fe a sus creencias sobre el estado físico personal, las finanzas, las relaciones y los negocios? En muchos casos, la respuesta es «No».

Una de las claves para cambiar tu identidad es dejar que la fe mueva montañas en todas las partes de tu vida.

Intenciones

> «Cuando nuestras acciones se basan en buenas
> intenciones, nuestra alma no se arrepiente».
>
> —ANTHONY DOUGLAS WILLIAMS

Conozco a muchas personas que se castigan constantemente por el lugar en el que se encuentran en la vida, en vez de darse crédito por sus intenciones de avanzar hacia una nueva identidad. Si esto suena a algo que harías tú, lo único que estás haciendo es reforzar tu identidad actual: tu vida de 24 grados.

¿Te suenan estas quejas?

«Me darían más crédito si hubiera conseguido ese ascenso».

«Mi vida es un completo desastre desde que me divorcié hace tres años».

«Soy un fracasado desde que tuve que declararme en bancarrota durante la pandemia».

No te permites salir del bache cuando haces esto. Es un enfoque de la vida que no sirve para nada. No estás siendo justo con la persona que más importa: ¡tú!

Pensar de esta manera crea una espiral descendente, y cuanto más abajo giras, más difícil es salir de ella y crear una nueva identidad. Aceptarás la frustración. No querrás estar cerca de la gente. Y, francamente, la mayoría de la gente no querrá estar cerca de ti.

En lugar de amargarte la vida, **dale la vuelta a tu guion.** Dite a ti mismo que pretendes hacer el bien y servir. Que tienes la intención de crear un negocio próspero y tener dinero en el banco. Que tienes la intención de tratar a la gente que te rodea con cuidado y que eres digno de una relación amorosa y cariñosa. **Aplica las buenas intenciones a todas las partes de tu vida y luego observa lo que sucede.**

Tus intenciones harán que tu mente trabaje para crear tu nueva identidad. **Tu cerebro trabaja con lo que se le dice.** Cuando le dices a tu cerebro lo que quieres atraer, diseñará mensajes internos que alimentarán las partes buenas de lo que eres y se manifestarán en una nueva identidad con el tiempo. Las intenciones son la moneda que te permite hacer depósitos en tu «banco de identidad» en lugar de crear un camino en ese banco que eventualmente te llevará a la bancarrota de identidad.

Asociaciones

Considera las palabras de T. F. Hodge: «Lo que nos rodea es lo que está dentro de nosotros».

No es posible que te quedes a 24 grados si te juntas con gente que opera a 37.

A través de la proximidad absorbes los rasgos, las acciones y las creencias de las personas con las que te relacionas. Consciente e inconscientemente, sus conocimientos e ideas se convierten en parte de lo que eres.

Por eso debes buscar asociaciones de calidad que puedan ayudarte directa o indirectamente a crecer para ser la persona de 37 grados que estás destinada a ser.

La otra cara de la moneda es que si quieres subir el termostato y cambiar tu identidad, puede que tengas que despedirte de muchas de las personas de 10 grados que hay en tu vida.

Sí, sé que puede ser algo difícil de hacer. **Hasta que no despejes el espacio en tu vida para las asociaciones adecuadas, estarás atrapado en relaciones que han superado su propósito y ahora te frenan.** No digo que esta parte sea fácil, pero a veces es necesaria.

La otra forma de enfocar esto es **rechazar el comportamiento de 10 grados y, en su lugar, subir los termostatos de los demás.** Este es un enfoque especialmente viable cuando se trata de miembros de la familia o amigos de toda la vida a los que decir adiós podría ser difícil.

La conclusión es que eres un reflejo de las personas con las que te relacionas. Si te asocias con personas que te elevan y hacen que tu termostato suba, entonces estás en el camino correcto para crear una nueva identidad.

Una vez que estés armado con la conciencia de la trilogía, solo podrás avanzar si ajustas el nivel de autoconfianza que tienes para cambiar tu identidad.

La confianza en uno mismo es el factor de unión

En el capítulo 12 hablo con más detalle de los hábitos, pero la confianza en uno mismo y su relación con la identidad son conceptos cruciales que merece la pena repetir.

Lo primero que hay que saber es que **la identidad es diferente a la confianza en uno mismo.** La identidad es lo que crees que vales. Tu termostato interno. La confianza en uno mismo es el medio para llevarlo a cabo.

Las personas seguras de sí mismas tienen un hábito en común y es **la capacidad de mantener las promesas que se hacen a ellos mismos.** Cuando tienes el hábito de cumplir las promesas que te haces a ti mismo, estás en el camino de la confianza en uno mismo.

La confianza en uno mismo es también una forma de **creer en ti mismo,** y si no puedes hacerlo, tienes que reflexionar urgentemente sobre tu vida.

También se deduce que, si te cohíbes, no actuarás. Si tienes dudas, te paralizarás con el miedo. **Las dudas son producto de factores externos en tu vida.** Son incubadoras de pensamientos negativos. Cuando estos pensamientos negativos crecen, se apoderan de todos tus pensamientos, y tu mente desciende a lugares de bajo rendimiento y perjudiciales.

Por eso debes **vigilar tus pensamientos.** Arranca las malas hierbas mentales que amenazan con apoderarse de las partes buenas de tu psique. Puede que no las saques todas, y eso está bien. La confianza en uno mismo no consiste en acabar con el miedo o la timidez. Se trata de seguir adelante de todos modos debido a los acuerdos que hiciste contigo mismo.

La otra cosa fundamental es que **la confianza en uno mismo se genera desde dentro.** Y como es una emoción interna, puedes manipular la situación a tu favor.

Ralph Waldo Emerson lo expresó de esta manera: «Lo que hay detrás de ti y lo que hay delante de ti palidece en comparación con lo que hay dentro de ti».

Presta atención a esto. **Tú eres el único que puede decidir cuánta confianza en ti mismo quieres. Cuando rompes los acuerdos internos, solo estás luchando contigo mismo.** Si esto parece una locura, es porque lo es. ¿No preferirías guardar tu energía para las otras batallas que estás librando?

Como la mayoría de las cosas en la vida, cuando se trata de cumplir una promesa a uno mismo, **el primer paso es siempre el más difícil.** Te garantizo que una vez que tu tren de pensamiento salga de esa estación en tu cabeza, encontrarás el impulso que necesitas para actuar. Verás los resultados a medida que desarrolles una nueva identidad. Esos resultados serán el combustible que hará que ese tren siga avanzando por las vías.

Lo contrario de la confianza en uno mismo es el autosabotaje. Es como un virus informático que acecha en el interior de muchas personas y que solo se desencadena cuando intentas avanzar en una parte importante de tu vida. El autosabotaje desencadena el desánimo y la duda, los enemigos mortales de la confianza.

El fundador de Farnham Street Media, Shane Parrish, describió perfectamente cómo estas cosas pueden perjudicarte cuando dijo: «Puede que el optimismo no te haga triunfar, pero el pesimismo se asegurará de que no tengas éxito». **Cuando te autosaboteas, bajas tu termostato y te niegas a ti mismo la felicidad que se dirigía a tu vida.**

Tal vez seas tú. Tal vez sea alguien que conoces. Algunas personas tienen el don de recibir un regalo y luego encontrar la manera de perjudicar el resultado. Lo peor es que las mismas personas parecen repetir este tipo de cosas una y otra vez. Se les tilda de «desastre» o de alguien que aún no ha solucionado su vida. En realidad, **acaban de ajustar su termostato a lo que creen que son dignos de recibir.**

¿Cuántas veces has visto a alguien que conoce a la mujer o al hombre de sus sueños, solo para engañarlos, ser irrespetuoso e inapropiado o extremadamente grosero? ¿Conoces a personas que han ganado un montón de dinero, pero que luego se han lanzado a la autodestrucción consumiendo drogas y alcohol, gastando imprudentemente o apostando su riqueza? La mayoría de nosotros también hemos oído hablar de deportistas profesionales que no se entrenan ni comen bien o que se exceden en los vicios, y en algunos casos, eso les cuesta la vida. **Todos ellos son víctimas del autosabotaje porque su falta de disciplina es una falta de confianza en ellos mismos que no se corresponde ni apoya su identidad.** Su termostato interno no coincide con el éxito inicial que han tenido. Con el tiempo, ese termostato se restablece y la persona vuelve a caer donde su termostato dice que debería estar.

Es triste que esto ocurra porque no tiene por qué ser así.

Este es un ejercicio que utilizo para destruir el autosabotaje, el desánimo y la duda. Presto atención cuando tengo un pensamiento de autosabotaje. Grabo mentalmente ese pensamiento. Luego, me visualizo y me veo a mí mismo tachándolo. La primera vez que grabo el pensamiento y lo tacho, lo sigo viendo. Así que hago esto repetidamente, tantas veces como sea necesario, hasta que ya no puedo ver el pensamiento porque está muy marcado y tachado. Cuando llego al punto en que no puedo verlo, el pensamiento ha sido eliminado de mi mente. Mi mente ya no vive con el pensamiento, y **ese pensamiento pierde su poder limitante sobre mí.**

Para alinearte con éxito con tu identidad «una vez más», debes mantener las promesas correctas contigo mismo. Debes eliminar lo negativo y crear un entorno en el que la confianza en ti mismo se convierta en una ventaja en lugar de una cosa más a la que temes.

Ahora que sabes más sobre cómo funcionan la confianza en uno mismo y la identidad, es el momento de analizar las ideas erróneas que pueden sesgar el pensamiento adecuado.

Conceptos erróneos sobre la confianza en uno mismo y la identidad

Reconoce y rechaza estos conceptos erróneos y fortalecerás tu búsqueda de una nueva identidad:

- **Soy lo que poseo.** Muchas personas relacionan la confianza en ellas mismas y la identidad con sus posesiones. Suponen erróneamente que cuantas más posesiones adquieran, mayor será su confianza en ellos mismos y más perfecta será su nueva identidad.

  No es el caso. Es un enfoque vacío de la confianza en uno mismo y de la identidad.

  No hay absolutamente nada malo en adquirir cosas materiales. No sería sincero si te dijera eso. Lo que no hago es relacionar mis posesiones y la riqueza material con mi autoestima y mi identidad. Las mantengo conscientemente separadas, y tú también deberías hacerlo.

- **Yo soy mis logros.** Es una trampa horrible en la que se puede caer porque toda la vida, para sentirse bien con la confianza en uno mismo y con la identidad, se va a tener una necesidad insaciable de seguir logrando cosas.

  Es así de sencillo. Tú eres tú. Te pusieron en la Tierra para hacer grandes cosas, pero **alimentar tu**

ego es una trampa traicionera. Por supuesto, intenta hacer grandes cosas. Consigue grandes cosas. Pero no te enfoques tanto en darte palmaditas en la espalda hasta perder la humildad que deberías tener. Recuerda que todo puede desaparecer en un instante. Y si utilizas tus logros como medidor de tu autoestima, esa caída será dura, te lo garantizo.

- **Soy lo que los demás dicen que soy.** Mal. La esencia de la confianza en uno mismo y la interiorización de la búsqueda de una nueva identidad va en contra de esta creencia. Olvídate de los golpes al ego. No bases tu valía en los corazones y «me gusta» de las redes sociales. No mendigues cumplidos. Es una forma barata y dependiente de vivir tu vida. Cuando lo haces, estás haciendo lo contrario de mejorar tu autoestima y diseñar tu nueva identidad.

- **Mi aspecto lo es todo.** Muchas personas caen en la trampa de lo que creen que debe ser la belleza. Esto es especialmente cierto para las mujeres que son bombardeadas con programas de televisión, blogs, *podcasts,* redes sociales y revistas, todos los cuales ponen un enfoque extremo en la belleza externa.

  Aquí está la verdad. **La verdadera belleza viene del interior.** Tu belleza proviene de tu alma, de tus intenciones, de tu capacidad de dar, de cómo tratas a la gente, de tus creencias y de tu buen corazón. No está mal trabajar en tu salud, perder peso, vestirte con ropa bonita y prestar atención a tu cuidado personal. El truco es hacerlo por ti y por nadie más. Recuerda que te define el contenido de tu carácter y no el reflejo en el espejo del baño.

Como pensador «una vez más», tu identidad es fundamental para lo que eres. Utiliza la trilogía y aplica la confianza en ti mismo para encontrar la temperatura adecuada en el termostato de tu identidad. Cuando lo hagas, estarás en camino no solo de crear tu mejor identidad, sino también de llevar tu mejor vida.

2

Una vez más y vivir en tu Matrix

«Esta es tu última oportunidad. Después ya no
podrás echarte atrás. Si tomas la pastilla azul,
fin de la historia, despertarás en tu cama y creerás
lo que quieras creerte. Si tomas la roja, te quedas
en el País de las Maravillas y yo te enseñaré hasta
dónde llega la madriguera de conejos».

—MORFEO, *Matrix*

SOY UN GRAN FAN DE *MATRIX*. No solo fue una película innovadora cuando se estrenó en 1999, sino que también está repleta de lecciones de «una vez más». Si aún no has visto *Matrix*, da igual, sigue leyendo. Todo tendrá sentido en un momento. Además, ten en cuenta que hay *spoilers* por delante.

Matrix cuenta la historia de Thomas A. Anderson, un programador informático interpretado por Keanu Reeves, que lleva una doble vida como el jáquer Neo. Une sus fuerzas con el legendario jáquer Morfeo en una búsqueda para destruir la inteligencia artificial que dirige la vida humana, conocida como Matrix. Mientras luchan contra los agentes

que protegen Matrix, Neo comienza a mostrar dones sobre-
humanos —incluida la capacidad de ralentizar el tiempo—
que indican que podría ser El Elegido, es decir, la persona
elegida para acabar con Matrix.

Hablando de **El Elegido**, quiero que te des cuenta de
algo. Cuando veas una familia feliz o con éxito financiero,
entiende que en algún momento de su historia, no fueron
felices o exitosos. Es decir, hasta que **El Elegido** apareció, y
El Elegido en esa familia cambió el árbol genealógico para
siempre.

El Elegido puede cambiar las emociones, las finanzas, el
nivel de felicidad y la forma de pensar de la familia, entre
otras muchas cosas.

En mi familia, yo soy **El Elegido**. No porque lo haya
querido o me guste, sino porque estaba dispuesto a luchar
por ello y porque aprendí las estrategias que se necesitan
para ser **El Elegido**.

Rezaré por ti para que te conviertas en El Elegido en tu
familia.

La razón por la que me encanta la historia de Neo siendo
El Elegido es porque creo que es una metáfora de lo que
existe en cada familia.

Vale la pena repetirlo. Cuando veas a una familia que es
feliz, exitosa o que está viviendo sus sueños, tienes que entender que no empezaron así. Y entonces, **El Elegido** en esa
familia dio un paso adelante y cambió el legado de esa familia para siempre.

Te estoy enseñando sobre Matrix para que tú también
puedas ser **El Elegido** que da un paso adelante en tu familia.

Esto es algo que puede sorprenderte.

¿Y si te dijera que ya estás viviendo en tu Matrix?

¿Y si te dijera que ya hay fuerzas trabajando en lo más profundo de tu ser que están frenando partes de tu vida, interpretando y reforzando lo que ya has programado en tu conciencia? Ni siquiera eres consciente de que esto está ocurriendo.

Pero así es.

Tu Matrix es un nombre más coloquial para tu sistema de activación reticular, SAR para abreviar. Tu SAR es el filtro que da peso a las cosas importantes de tu vida y filtra las que no lo son.

El SAR es un concepto del que ya he hablado en el pasado. Al igual que la creación de una identidad «una vez más», no lo he explorado tanto como lo vamos a hacer en este capítulo. Y al igual que la identidad «una vez más», aprender sobre tu SAR es vital para enlazar con muchos de los otros capítulos de este libro.

Sin embargo, aunque entender la ciencia que hay detrás de tu SAR es importante, dado que la gente a veces se siente intimidada o desanimada por los conceptos científicos complejos, he traducido nuestro debate en una estrategia más accesible y digerible utilizando *Matrix* como ejemplo.

Tanto si lo identificas como tu SAR o tu Matrix, recuerda esto.

Piensa en el SAR como el filtro que te revela lo que es más importante para ti en tu vida.

He aquí un ejemplo que ilustra el funcionamiento del SAR. Supongamos que quieres comprar una furgoneta azul. Inmediatamente, empiezas a ver furgonetas azules por todas partes. Podrían estar a tres carriles de distancia en una autopista, cuando estás haciendo recados o dejando a tus hijos en el colegio.

¿Sabes qué? Esas furgonetas azules siempre han estado ahí, solo que antes no te fijabas en ellas. Pero ahora las ves porque se han convertido en parte de tu SAR. Se han filtrado en tu conciencia ya que se han vuelto importantes para ti.

Esto se extiende a otras partes de tu vida. Por ejemplo, los clientes, tu nivel de *fitness*, las relaciones o las emociones que quieres se convierten en tus furgonetas azules. Siempre han estado ahí, pero nunca las has visto porque no estaban programadas en tu SAR. Simplemente las filtraste porque no eran lo suficientemente importantes para ti en ese momento.

¿Cómo se convierten en importantes? A través de la visualización y el pensamiento repetidos. Estas cosas le enseñan a tu SAR lo que debe escuchar, buscar y sentir porque tu mente se mueve hacia lo que le es más familiar.

Esto es a lo que me refiero con ralentizar. Cuando visualizas repetidamente y piensas obsesivamente en algo, le dices a tu SAR que preste atención a ese pensamiento, y es entonces cuando el mundo se ralentiza.

Así es como funciona el SAR.

Ya lo haces excepcionalmente bien, pero lo más probable es que no lo hagas con suficiente dirección, intención o conciencia. Sin embargo, si puedes dirigir tu SAR para centrarte mejor en las furgonetas azules de tu vida, entonces tu vida empezará a cambiar.

Los pensadores «una vez más» aprenden a trabajar en sintonía con su Matrix. A su vez, esto crea repetidamente oportunidades y resultados que acelerarán su vida de innumerables maneras.

Vivir una vida más profunda reduciendo la velocidad de tu Matrix

El concepto de ralentizar el tiempo se remonta a las civilizaciones antiguas. El filósofo Zenón, del siglo V a. C., planteó la siguiente pregunta: «Si una flecha voladora parece estar en reposo en un instante determinado de su vuelo, ¿no es eso lo que la hace inmóvil?». Fue una de las muchas paradojas que planteó en su época.

Hemos avanzado mucho desde entonces. Pero el concepto de nuestra relación con el tiempo sigue fascinándonos. Al igual que en *Matrix*, si quieres vivir una vida más profunda y significativa, debes aprender a ralentizar tu ritmo interno.

Desde el punto de vista técnico, *Matrix* utilizó efectos especiales cinematográficos para crear lo que se conoce como **tiempo bala**. El tiempo bala se creó colocando 120 cámaras en un círculo de 360 grados alrededor de la acción, haciendo miles de tomas y luego uniendo esas tomas. El resultado hace que los espectadores sientan que se mueven en una escena a cámara lenta que se desarrolla en cuestión de segundos, que es lo que finalmente se ve en la película.

Como directores, los Wachowski no fueron los primeros en utilizar la técnica, pero sí los primeras en llevarla a la práctica. Se utiliza varias veces en *Matrix* y en las secuelas posteriores, pero el uso más conocido y recordado es cuando Neo esquiva una bala tras otra en un tejado; de ahí lo de tiempo bala.

El tiempo bala también puede funcionar para ti. Es el equivalente a una versión extrema de ver el lado positivo de las cosas. Pero es mucho más que eso. **Cuando ralentizas estratégicamente tu ser físico y mental, creas un espacio que**

permite que tus sentidos y tu cerebro se restablezcan. Ves las cosas de forma diferente y empiezas a darte cuenta de que los «una vez más» han estado ahí todo el tiempo. Solo necesitabas cambiar las variables de tu vida para verlas.

La clave es ser consciente de tus circunstancias y de tu entorno. El tiempo bala te permite ir en busca de un negocio más, concentrarte en una forma más de mejorar tu partido de tenis o una forma más de mejorar tu matrimonio.

> «Estoy tratando de liberar tu mente, Neo.
> Pero solo puedo mostrarte la puerta.
> Tú eres el que tiene que atravesarla».
>
> —MORFEO

Se necesita tiempo y concentración para comprometerse con tu vida actual. Al igual que en *Matrix*, te sentirás más implicado en lo que te ocurre cuando te esfuerzas.

Igual de importante es que **decidas conscientemente qué camino quieres elegir.** Esto nos lleva a la famosa elección entre la pastilla azul y la roja que debe hacer Neo. Cuando Morfeo le pide a Neo que elija entre las pastillas, básicamente le pide que elija entre el destino y el libre albedrío.

En *Matrix*, tomar la pastilla azul representa elegir el destino. Todas las elecciones están ya decididas y las acciones están predeterminadas. El concepto de elección es solo una ilusión. Neo, en cambio, opta por la pastilla roja y se sitúa en un lugar de libre albedrío donde puede cambiar su destino en función de sus decisiones. Se une a Morfeo y a Trinity, otra luchadora clave por la libertad, que también da mayor valor al libre albedrío, por muy desagradable que sea ese mundo.

Todo el mundo tiene la misma capacidad de elegir su realidad. Los pensadores «una vez más» son simplemente más conscientes al respecto. Eligen el libre albedrío y la acción porque saben lo que quieren y combinan el pensamiento y la acción para acercarse a sus normas y objetivos. Elevan sus niveles de conciencia. Al hacerlo, ralentizan su mundo. Y su mundo cambia para alinearse mejor con lo que quieren en la vida.

> «Neo, tarde o temprano entenderás, igual que yo,
> que existe diferencia entre conocer el camino
> y andar el camino».
>
> —Morfeo

Debido al ritmo de nuestras vidas, a menudo elegimos prestar atención solo a ciertas cosas. Recorrer caminos preestablecidos. Para muchos, es una cuestión de conveniencia. Pero también elimina varios colores del gran y hermoso arcoíris de la vida.

No seas demasiado duro contigo mismo si esto es lo que tú haces. Desde que nacemos, nos enseñan a obedecer a los demás, a seguir las normas y a memorizar datos. A medida que el mundo va más y más rápido, es más difícil mantener el ritmo en una era impulsada por la tecnología a la velocidad de la luz. Para sobrevivir, aceptamos constantemente que los demás deciden lo que es mejor para nosotros y que debemos seguir sin rechistar.

¿Qué pasaría si desafiaras esa suposición? No todo el tiempo, pero sí en las áreas de tu vida que son importantes para ti. ¿Y si te dieras un respiro mental y pensaras largo y tendido sobre las opciones que tienes? **¿Y si exploraras más profundamente tus opciones cuando fuera importante?**

Los pensadores «una vez más» deberían comprometerse más profundamente con sus propias vidas cuando sea posible. Tu Matrix y tu elección entre la pastilla roja y la pastilla azul te están esperando.

Cómo funciona tu Matrix

Está bien ponerle el nombre de una película a una de tus funciones principales. Pero para apreciar plenamente el funcionamiento de tu Matrix, necesitas entender también la ciencia que hay detrás de tu Matrix.

Antes he mencionado el sistema de activación reticular (SAR). Es el músculo mental que te permite recalibrar tu Matrix.

Tu SAR filtra las cosas que son importantes para ti y elimina las que no lo son.

En términos neurológicos, reticular significa «red o telaraña». El SAR es una formación compuesta por una red de células nerviosas y sus conexiones, situada en lo más profundo de tu tronco cerebral, entre tu médula espinal, que atraviesa el tálamo en el centro de tu cerebro. Estas células se extienden hacia el exterior hasta la corteza cerebral, que es la fina capa de tejido neuronal de la superficie del cerebro.

El SAR no interpreta la calidad ni el tipo de información sensorial que le proporcionas. El SAR activa toda la corteza cerebral, poniéndola en alerta máxima. Esta mayor excitación crea una mayor capacidad para interpretar la información entrante y prepara al cerebro para una acción adecuada.

Una acción adecuada significa que el SAR altera la actividad eléctrica de tu cerebro, regulando el voltaje eléctrico de las ondas cerebrales y la velocidad a la que se activan las células nerviosas. También libera sustancias químicas que regulan el sueño, el dolor, la función motora, las emociones y los recuerdos. Estas sustancias químicas incluyen la acetilcolina, que regula el movimiento, y la dopamina, la norepinefrina y la serotonina, que están asociadas a la conciencia y los sentimientos.

El SAR también se ha relacionado con los trastornos psicológicos. Las anomalías en el SAR dan lugar a la esquizofrenia, la enfermedad de Parkinson y el trastorno de estrés postraumático (TEPT), entre otros.

Cuando estás despierto, tu cerebro produce ondas cerebrales de bajo voltaje que son increíblemente rápidas para que puedas organizar la información con rapidez y atención. Lo mismo ocurre durante el ciclo de sueño de movimientos oculares rápidos (REM), que produce sueños intensos, movimientos corporales y una respiración y pulso más rápidos.

La forma en que el SAR configura estas señales también te hace estar más o menos alerta, más o menos consciente, y determinará la forma en que tu cerebro interpreta los distintos mensajes que recibe. De este modo, **el SAR es el sistema de filtrado natural de tu cerebro.** Filtra todo lo que no es importante para ti o el ruido innecesario que interfiere en tu proceso de toma de decisiones, incluido el procesamiento de mensajes cuando duermes.

El SAR también filtra en tu conciencia todas las cosas que son importantes para ti. Al hacerlo, puedes crear tu propia realidad. Pero tienes que ser consciente y trabajar en ello.

Para los pensadores «una vez más», su SAR es su Matrix. Entender la ciencia detrás de cómo funciona tu Matrix hace más fácil entender cómo y por qué debes encontrar maneras de ponerla a trabajar a tu favor.

He aquí una ilustración rápida. Si buscas cosas por las que ofenderte, tu SAR se activará y eso es lo que encontrarás durante todo el día. Por otro lado, si buscas cosas por las que estar agradecido, eso es lo que encontrarás.

Cuando activas conscientemente tu Matrix para centrarte en ciertas cosas, verás «una vez más» por todas partes.

Sin saberlo conscientemente, tu Matrix tamiza una montaña de datos y presenta solo las piezas que son importantes para ti. Tu Matrix se programa para trabajar a tu favor. ¿Has oído hablar del dicho «basura entra, basura sale»? Apuesto a que no sabías que hay toda una rama de la ciencia relacionada con él. Se trata de ti y de tu Matrix.

Tu Matrix también busca información que valide tus creencias. Filtra el mundo a través de los parámetros que le das. Tus creencias dan forma a esos parámetros en una especie de profecía autocumplida. Si crees que se te da mal golpear una pelota de golf, pintar como pasatiempo o dar un discurso, entonces probablemente serás horrible en esas actividades. Por el contrario, si crees que puedes lanzar una bola rápida a 145 km/h, aprender un nuevo idioma en tres meses o dominar los bailes de salón en un año, tienes muchas más posibilidades de conseguirlo. **Tu Matrix te ayuda a ver lo que quieres ver y luego se pone a trabajar para influir en tus acciones.**

Tu SAR también ayuda a explicar la ley de la atracción. Este es el concepto de que atraes lo que tiendes a pensar. A menudo se la promociona como un concepto New Age, de forma cósmica, pero la ley de la atracción es mucho menos mágica y mística, si entiendes cómo funciona tu Matrix.

Esta es la clave del pensador «una vez más». **Cuando puedes entrenar a tu Matrix para que tome tus pensamientos subconscientes y los case con tu conciencia, te vuelves consciente.** Hablo mucho de ser consciente, y ahora sabes cómo y por qué funciona el proceso.

Requiere concentración y paciencia. Sin embargo, si puedes dominar esta habilidad, tu Matrix se alineará contigo para revelar información, personas y oportunidades que te ayuden a alcanzar tus normas y objetivos.

Cómo entrenar tu Matrix para conseguir lo que quieres

Entonces, la siguiente pregunta, y la más obvia, es: ¿Cómo entreno a mi Matrix para conseguir lo que quiero? Hay formas sencillas y concretas de hacerlo.

Empieza por plantar una semilla en tu Matrix. Piensa en una situación en la que quieras influir. Por ejemplo, «quiero perder peso». A continuación, piensa más directamente en el resultado específico que deseas. En este caso, «quiero perder nueve kilos en los próximos seis meses». Por último, empieza a crear visualizaciones de cómo quieres que se desarrolle idealmente ese objetivo. Deja que tu imaginación escuche las conversaciones, las acciones, el ejercicio, los alimentos y otros detalles que necesitarás para alcanzar ese objetivo. Para fijar tu Matrix, tendrás que repetir estas cosas una y otra vez con intención.

Cuando haces esto, estás liberando a tu Matrix para que trabaje para ti. Los pensadores «una vez más» también deben poner acciones a estos pensamientos. No basta con convencerse mentalmente. No puedes conseguir el éxito con solo desearlo.

Supongamos que quieres un perro. Te encantan los *huskies*, pero nunca te has fijado en la cantidad de ellos que ves durante el día hasta que pones a tu mente trabajar y decides que ese es el tipo de perro que quieres. De repente, ves *huskies* por todas partes.

¿Qué te parece el coche de tus sueños? Quizá toda tu vida hayas soñado con tener un Porsche. Es uno de esos sueños de «algún día» sin un calendario real. Entonces, tu carrera despega. Consigues un gran aumento de sueldo y tu sueño de tener un Porsche «algún día» empieza a hacerse realidad. Ves anuncios en Internet, en la televisión y en vallas publicitarias de Porsche. Cada vez que pasa uno por la autopista, tu cerebro se dispara. Tienes un encuentro fortuito con un tipo que ya conduce un Porsche, y tu Matrix eleva tu sueño a un estado aún más elevado.

Cuando estas cosas suceden, tu Matrix ha dado los primeros pasos para acercarte a lo que quieres de la vida.

Tu Matrix y el sesgo de confirmación

El sesgo de confirmación es la tendencia a interpretar nuevas pruebas como la confirmación de tus creencias o teorías existentes. **Tu Matrix y el sesgo de confirmación son como uña y carne.** Cuando tu Matrix genera creencias o resultados específicos, el sesgo de confirmación entra en acción y refuerza esas creencias, fortaleciendo aún más el efecto. Cuando esto ocurre, se infravalora cualquier prueba o teoría que socave o pueda refutar lo que cree tu Matrix.

El sesgo de confirmación es una extensión del recuerdo selectivo. Cuando eliges recordar las cosas de una manera determinada que confirma lo que estás pensando, estarás predispuesto a actuar hacia el resultado que quieres conseguir. **Cuanto más fuertes sean tus creencias, o cuanto más cargado emocionalmente esté un asunto para ti, más fuertes serán tu sesgo de confirmación y tu recuerdo selectivo.**

Estas creencias arraigadas se fortalecen con el tiempo. Inconscientemente, a través de la repetición, tus obsesiones acaban convirtiéndose en tus posesiones. Cuando se combina con acciones intencionadas, el sesgo de confirmación y el recuerdo selectivo, tu Matrix te impulsa implacablemente hacia tus objetivos. La clave es asegurarse de plantar las semillas correctas en tu Matrix. Si plantas las cosas equivocadas, cosecharás los resultados equivocados.

Las interpretaciones sesgadas y los recuerdos pueden ser herramientas poderosas cuando se aprovechan de la manera correcta. En nuestros respectivos mundos estamos inundados de confirmaciones sesgadas a diario. Las redes sociales son un excelente ejemplo de cámara de eco que refuerza nuestras creencias. Gravitamos hacia lo que se alinea con nuestros pensamientos y creencias. Y a menudo repelemos los puntos de vista que difieren de los nuestros.

En los últimos años, los medios de comunicación se han convertido en un ejemplo evidente de sesgo de confirmación. Fox News, CNN, MSNBC y otros expresan habitualmente puntos de vista que confirman o enfurecen a los espectadores, según sus inclinaciones políticas.

El sesgo de confirmación también minimiza un conflicto mental conocido como disonancia cognitiva. Este se produce cuando una persona está expuesta a dos creencias contradictorias, lo que provoca estrés o malestar psicológico. El sesgo de confirmación ayuda a evitar puntos de vista incongruentes y reafirma los puntos de vista que refuerzan la información y se alinean con lo que queremos creer.

Tu Matrix es única para ti

La Matrix de cada persona es única. Al igual que no hay dos cerebros iguales, lo mismo ocurre con tu Matrix. Tú eres la suma única de tus recuerdos, experiencias, pensamientos, relaciones, miedos, ambiciones y mucho más. Por eso, aprender a controlar tu Matrix es un viaje en solitario. No puedes delegar esta responsabilidad. Depende de ti y solo de ti. Y ten en cuenta que el sesgo de confirmación influye mucho en el comportamiento de tu Matrix.

Considera lo siguiente. Un corredor de bolsa de Wall Street ha configurado su Matrix para encontrar dinero en la gran variedad de mercados financieros. Al reducir la velocidad y dejar que su Matrix vea las oportunidades, ve ofertas que alguien que no está intencionalmente conectado no ve.

Del mismo modo, reflexiona sobre la situación de un drogadicto sin hogar en el barrio de Los Ángeles Skid Row. Aunque no tenga un lugar donde dormir y se pregunte de dónde saldrá su próxima comida, siempre encuentra una manera de conseguir su próximo subidón. Ha entrenado a su Matrix para encontrar drogas. Y se le da muy bien hacerlo.

Ambos están viviendo sus realidades. Han entrenado a su Matrix para que eleve pensamientos y oportunidades específicas coherentes con sus objetivos, y todo lo que encuentran tiende a confirmar que están avanzando hacia esos objetivos. En cada caso, sus obsesiones se convierten en sus posesiones. La sociedad puede juzgarlos de forma diferente. Pero ¿es correcto o incorrecto, o son el resultado de cómo su Matrix impactó en sus vidas?

Lo que quiero decir es que tu Matrix es tuya, y solo tuya. Tú la controlas, tanto si buscas tu próxima gran activo para comprar o si buscas una bolsita de heroína. **Y cuanto más tiempo vea tu Matrix las cosas de una manera determinada, más arraigadas e intensas serán tus creencias.**

He aquí otro ejemplo. Si eres un mariscal de campo de fútbol americano, ¿tiene más sentido en un partido evitar a los receptores que están cubiertos o buscar a los receptores que están abiertos? Cuando entrenas tu mente para buscar un receptor abierto, eso es lo que tu cerebro busca en lugar de centrarse en los receptores cubiertos.

Los mariscales de campo novatos suelen tener problemas porque no tienen la profunda experiencia sembrada en su Matrix. Pero los mariscales de campo experimentados del Salón de la Fama, como Joe Montana o Peyton Manning, literalmente destrozaron las defensas. Estaban más profundamente comprometidos y arraigados en la creencia de que podían controlar la acción en el campo porque su mundo se había ralentizado y los había metido en su Matrix del partido.

También es la forma en que un comentarista experimentado en la cabina, como Tony Romo o Troy Aikman, puede detectar un ataque, saber qué rutas van a seguir los receptores y cuál será la cobertura incluso antes de que se lance el balón. Años de experiencia en el campo se traducen ahora en la interpretación, por adelantado, de lo que va a suceder en el campo para millones de espectadores a la vez.

Si eres golfista, ignoras los bunkers de arena, los obstáculos de agua y los marcadores de fuera de límites en cada golpe. Sabes exactamente dónde quieres colocar la bola en cada golpe, y eso es todo lo que tu Matrix te permite ver.

El uso de tu Matrix también se extiende a tus relaciones. Cuando activas tu Matrix, empiezas a ver las cualidades de las personas con las que quieres tener una relación, en lugar de echar de menos a esas personas que estaban ahí todo el tiempo.

¿Y si, en lugar de en un *husky*, un Porsche o en rutas de paso, te centraras en crear más perspectivas de negocio? Empezarías a escuchar oportunidades en el trabajo o en una llamada de ventas que no escucharías de otra manera porque tu cerebro ahora está buscando activamente este tipo de posibilidades. Empiezas a ver oportunidades de ganar dinero que siempre han estado ahí, pero que antes no se filtraban en tu Matrix.

Si eres un emprendedor, ya entrenas tu cerebro para buscar oportunidades, no obstáculos. Buscas formas de conectar dos servicios, productos o relaciones dispares de forma que te hagan ganar dinero. Hasta cierto punto, tu Matrix ignora todas las personas que no son buenas candidatas para que trabajes con ellas y, en cambio, se centra en las que son más compatibles contigo.

Piensa en lo que podría pasar si te centraras aún más en esto. ¿Aumentaría la calidad y la cantidad de tus acuerdos? ¿Tendrías más dinero en el bolsillo al final del año? Según mi experiencia, sí.

Soy un gran creyente de que **todo lo que necesitas ya está en ti y a tu alrededor ahora mismo** si simplemente haces un esfuerzo para verlo.

Optimización de tu Matrix

Tu Matrix ya está trabajando duro. Pero ¿está trabajando de forma correcta en tu favor? ¿Piensas en las cosas que mejorarán tu vida o piensas en evitar las cosas malas que te restarán vida? Hay una diferencia.

El cambio de mentalidad de Matrix a un marco más positivo elimina el miedo y la ansiedad y sustituye esos pensamientos por la confianza y el impulso hacia adelante. Para ello, son esenciales dos cosas.

En primer lugar, debes **elevar intencionadamente la calidad de tus pensamientos.** Enfócalos en positivo. Establece tus objetivos de manera que, cuando los alcances, te sientas entusiasmado por el resultado en lugar de respirar aliviado por haber evitado una crisis.

Segundo, ¡**repite, repite, repite!**

Debes llenar continua y conscientemente tu Matrix con los pensamientos que quieres. Deja que tus creencias se arraiguen tanto que ni siquiera seas consciente de que existen. Sin embargo, tu Matrix no las perderá de vista. A su manera, tu Matrix se convertirá en tu mayor aliado y convertirá tus pensamientos en resultados. Programa tu Matrix a través de sentimientos, palabras y visualizaciones repetitivas intencionadas. Sé tenazmente persistente si quieres tener éxito.

Si lo desglosamos un poco más, la activación también proviene de la preparación, la recopilación de conocimientos, la valentía, el permitirse fracasar, el darse permiso para trazar el camino, la gratitud, etc. Además, **tienes que eliminar la procrastinación de tu vida.** Como dijo Victor Kiam, empresario y antiguo propietario de los New England Patriots, «la procrastinación es el asesino de las oportunidades». Por el contrario, **el cambio es el instigador de la oportunidad.**

Cuando llega la hora de bailar con una chica guapa, no puedes quedarte al margen, porque si no, otro chico se pondrá a bailar con ella en un santiamén. Y tú te quedarás en la barra, malhumorado y borracho.

Pocas cosas son más caras que las oportunidades que se pierden. Las pagas con el arrepentimiento, la duda y una sensación persistente de lo que podría haber sido.

El filósofo inglés Francis Bacon dijo una vez: «Un hombre sabio tendrá más oportunidades de las que encuentra».

De la misma manera, los pensadores «una vez más» son intencionales en cuanto a las oportunidades. Ponen en marcha su Matrix y perfeccionan esta poderosa herramienta a través de la repetición.

Cuando actives tu Matrix, cambiarás la realidad y encontrarás oportunidades «una vez más» que se te revelarán de formas que nunca habrías visto de otra manera.

3

Un intento más

«Esto no se acaba hasta que se termina».

—Yogi Berra

SI ALGUNA VEZ QUIERES CONSEGUIR ALGO SIGNI-
FICATIVO EN TU VIDA la estrategia que debes dominar en
tu vida es la de «un intento más».

He aquí la razón.

«Un intento más» no discurre por un camino aislado en
tu vida. Es un concepto global que enlaza con muchas de las
otras estrategias de este libro.

Una de las creencias fundamentales que mantengo es la
importancia de la **perseverancia**. La perseverancia tiene lugar cuando pruebas a hacer un intento más, una y otra vez.
Cuando consigues poner en práctica la mentalidad de «un
intento más», creas y consigues más victorias para ti mismo.

Cada una de esas victorias supone un avance gradual
hacia tus objetivos. **Los apilas unos sobre otros para producir cambios significativos a largo plazo en tu vida.**

He aquí un ejemplo sencillo que demuestra esto. Cuando
eras niño, la primera vez que intentaste montar en bicicleta

no lo hiciste muy bien, ¿verdad? Probablemente empezaste con rueditas, yendo despacio y con tu madre o tu padre a tu lado para que te mantuvieran firme.

A medida que te subías a la bicicleta día tras día, ibas mejorando para aprender a equilibrarte, pedalear y avanzar. Con el tiempo, te quitaron las rueditas y, poco a poco, empezaste a montar por tu cuenta. Al poco tiempo, ya montabas rápido por las calles y aceras sin preocuparte por nada. Y tu vida había cambiado para siempre.

Hasta que no entiendas y aceptes el poder fundamental que cambia la vida de «un intento más», no entenderás del todo por qué es esencial intentar hacer una llamada más, hacer una serie más en el gimnasio, conocer a una persona más en una convención o aprender una habilidad más para ponerte por encima de los demás.

Cuando actúas y haces las mismas cosas que los demás, obtendrás los mismos resultados que los demás. Cuando pongas en práctica la mentalidad de «un intento más», ahí es donde encontrarás tus mayores éxitos y tu crecimiento personal más significativo.

Hacerlo también te dará más confianza que a tus competidores. Es una especie de arma secreta. Aunque ellos no lo vean, sabrás que estás dispuesto a hacer más que ellos. Estás dispuesto a hacer un intento más que ellos. Eso es una tremenda ventaja a tu favor.

Esta idea no es precisamente nueva. Confucio comprendió las batallas que se libran en la mente de una persona cuando escribió: «El hombre que cree que puede y el que cree que no puede tienen ambos razón».

Confucio sabía que un individuo hace hasta el nivel de lo que cree en sí mismo. La confianza alimenta tu creencia de que eres digno de hacer un intento más.

A muchas personas les gusta considerarse triunfadoras. Si te llamas a ti mismo «triunfador», estás declarando que tu práctica habitual es ir más allá de lo necesario para conseguir un logro.

Para ser un triunfador, hay que aprovechar al máximo un intento más.

Hay otro componente fundamental en esto. Aunque estés dispuesto a hacer las cosas que otras personas no están dispuestas a hacer, debes **ser consciente y buscar oportunidades en todo lo que haces.** Esa mentalidad debe convertirse en algo natural para ti. Cuando practicas esta estrategia el tiempo suficiente, se convierte en un reflejo. No piensas en ello. Simplemente lo haces.

En un nivel aún más fundamental, debes creer que puedes crear una vida de un intento más para ti. Esto es como la confianza, pero se trata de **crear un nivel más alto de autoestima.** Muchas personas no creen lo suficiente en ellas mismas, y las limitaciones con las que viven vienen de dentro. Ser el peor enemigo de uno mismo es algo que he visto muchas veces.

Yo no me trago esta mentalidad limitante y tampoco quiero que lo hagas tú. No tiene por qué ser así.

Hace mucho tiempo aprendí que todos **tenemos la sabiduría dentro de nosotros para crear el futuro que queremos para nosotros mismos.** La mayoría de nosotros simplemente no aprovechamos esta rica veta, por la razón que sea. Bloqueamos esa parte de nuestra identidad y aceptamos algo menos.

A veces aceptamos una vida inferior porque no nos dieron un buen modelo a seguir o porque hemos sufrido una adversidad que nos ha hecho mentalmente frágiles. Nos marchitamos ante las críticas y nos negamos a profundizar para encontrar la fortaleza mental y las agallas que ni siquiera nosotros sabíamos que teníamos.

Déjame decirte algo que debería entusiasmarte. Cuando te abres paso, los lugares en los que hacen uso de «un intento más» están mucho menos concurridos que cuando corres con el pelotón. **La mayoría de la gente se rinde. No hacen el trabajo que tú estás dispuesto a hacer. Por lo tanto, no obtendrán los resultados que tú obtendrás.**

Más bien, cuando te mueves a este nuevo lugar donde «un intento más» es la norma, la ley de los promedios trabaja ahora a tu favor. En pocas palabras, más intentos equivalen a más éxitos.

Es un buen punto de partida si buscas el impulso que necesitas para empezar a poner en práctica «un intento más».

Romper la piñata

Un intento más es tan importante que quiero darte algunos ejemplos para que te des cuenta de que a menudo en la vida, aunque parezca que no estemos haciendo ningún progreso aparente, sí lo estamos haciendo.

Mi ejemplo favorito es lo que yo llamo «romper la piñata».

La vida es como dar golpes a una piñata. También es una excelente metáfora para entender el impacto de un intento más. No hay pruebas externas de que estemos progresando y por eso la gente suele abandonar antes de llegar a la parte de su vida en la que salen los caramelos.

El ejemplo perfecto de esto es de hace unos años, cuando fui a una fiesta de cumpleaños de un niño de 5 años. En la fiesta había una piñata y, uno por uno, los niños se ponían una venda en los ojos. Ellos se acercaban, les daban un bate, hacían que dieran unas cuantas vueltas y después tenían que golpear la piñata.

Los primeros niños rozaron la piñata. Estaban desorientados y no sabían en qué dirección balancearse. Incluso con la ayuda bien intencionada de sus compañeros de fiesta, no hicieron ningún daño aparente a la piñata. O eso parecía.

Esos niños se frustraron un poco cuando no salió nada. De lo que no se dieron cuenta es que, por dentro, la piñata se estaba rompiendo poco a poco.

Los niños que lo intentaron más tarde entendieron un poco más de qué iba el juego. Se pusieron en marcha con el bate en la mano y realizaron sus bateos. Muchos de ellos hicieron un contacto sólido y causaron algún daño, lo supieran o no.

El efecto acumulativo de los golpes en la piñata, aunque pareciera que la piñata se mantenía firme, estaba marcando la diferencia. Cada vez que se daba un golpe, los niños hacían un progreso invisible, acercándose cada vez más al objetivo final de romperla de par en par. Todos los niños gritaban con anticipación después de cada golpe. Después de unos cuantos golpes más, sintieron que la bestia de papel maché se debilitaba. Aun así, la piñata no se rompía.

Cuando todos los niños ya lo habían intentado, la madre le vendó los ojos al cumpleañero y este se puso a intentarlo.

Ese hombrecito se echó hacia atrás y, con el «un intento más» más poderoso que vas a ver, reventó la piñata de par en par.

Ya sabes lo que vino después. Más de una docena de niños se apresuraron a engullir todas las golosinas que habían caído de la piñata.

¿Fue ese golpe el que rompió la piñata de par en par? En absoluto. Fue el conjunto de todos aquellos golpes lo que contribuyó a lograr el objetivo de conseguir los caramelos.

Demasiadas personas abandonan sus negocios, sus entrenamientos o sus relaciones antes de que salgan los caramelos. Aunque están avanzando, ese avance no siempre se ve externamente.

Mi consejo es que sigas dándole a las piñatas de tu vida. Lo veas o no, estás progresando más de lo que crees.

¿Ya empieza esto a sonar como tu vida? Debería. Todos golpeamos un montón de piñatas y, al principio, no solemos reventarlas.

Al principio de este libro te dije que estabas mucho más cerca de hacer realidad tus objetivos y sueños de lo que crees, y esta es una metáfora perfecta de ese concepto.

Al igual que los niños, **estás avanzando de manera invisible** en tu vida. Por desgracia, la mayoría de la gente no se queda el suficiente tiempo como para darse cuenta de los resultados de ese progreso.

Sin embargo, cuando sabes que estás avanzando, incluso cuando no puedes ver directamente que estás avanzando, te mantendrás más centrado en tus procesos y tareas para hacer realidad tus objetivos.

El progreso invisible es más que tener fe. Es el conocimiento que has adquirido porque tus esfuerzos produjeron resultados en otras cosas que intentaste en el pasado.

Cuando rompemos una piñata, nos da un subidón innegable.

Lo has experimentado muchas veces. Sabes exactamente lo que es ese subidón.

De hecho, cuanto más cuesta romper la piñata, más intenso es el subidón. A medida que la golpeamos, la expectación aumenta. La adrenalina se dispara. La confianza crece. Puede que incluso te enfades un poco al profundizar y negarte a ceder.

En tus piñatas, el «caramelo» que cae puede ser tu felicidad. Es tu libertad financiera. Es enamorarte de la persona especial de tu vida. Es conseguir el trabajo soñado que siempre has querido.

Todo porque no te rendiste. Lo intentaste una vez más. Y, con el tiempo, esos esfuerzos se fueron acumulando hasta conseguir precisamente lo que querías.

Debes hacer caso omiso de los detractores y de todas las distracciones negativas para centrarte en romper tu piñata de par en par. A veces te sentirás desorientado, la duda podrá invadir tu mente y podrás pensar que tu objetivo no merece la pena. Hasta que no aprendas a ganar esas batallas, nunca disfrutarás de lo que tu piñata te depara.

Si te quedas el tiempo suficiente, disfrutarás de los frutos de tu trabajo. Y todos los demás miembros de tu círculo que se queden y te apoyen disfrutarán también de ello.

Dale golpes. Todos los que necesites. Coge esos caramelos. Hay un montón de piñatas esperando a que las rompas y las disfrutes.

Un padre, una hija y el poder de un intento más

Quiero contarte lo que sucedió el 26 de abril de 1998, y por qué esa fecha significa todo para mí.

Yo era relativamente nuevo en el mundo de los negocios y tenía programado dar una presentación esa noche a

40 personas de mi equipo. Las confirmaciones de asistencia no se materializaron como yo quería, y cuando llegó la presentación, solo se presentaron ocho personas.

Estaba destrozado.

Empecé a dudar de si esta era una carrera para mí. Empecé a pensar que quizás había algo mejor ahí fuera, algo más que debía hacer con mi vida. Me sentía frustrado y desanimado y no sabía si debía seguir haciendo esto o no.

Me senté y tuve una charla conmigo mismo. Es lo más honesto que he sido nunca. ¿He hecho todo lo posible durante todo el tiempo que he podido? ¿He hecho las cosas correctas en el momento adecuado? Tenía que decidir si había puesto todo mi empeño en salir adelante.

Como fui sincero conmigo mismo, la respuesta fue «no». Es algo difícil de admitir para un hombre orgulloso. Difícil, pero necesario.

Y, lo que es más importante, tuve que reconocer mis defectos. Hasta ese momento, había seguido la pauta de abandonar cuando las cosas se ponían difíciles o incómodas. Me resultaba fácil tomar la decisión de abandonar. Demasiado fácil.

En lugar de abandonar, me puse serio y decidí que iba a intentarlo una vez más. Iba a hacer un esfuerzo y hacer todo lo posible para asegurarme de que había dado lo mejor de mí a la profesión que había elegido.

Retirarme y rendirme ya no eran opciones para mí. Dejé de lado mi antigua identidad limitante y lancé una nueva versión de mí mismo. Esa charla reveladora conmigo mismo, ese rechazo a ceder y mi decisión de llegar hasta el final aprovechando «un intento más» cambiaron mi vida para siempre.

A partir de esa noche, mis esfuerzos y mi mentalidad se convirtieron en una vida empresarial que me ha dado cientos de millones de dólares.

Hay un ejemplo más que quiero compartir contigo.

Aviso: hay un momento de orgullo paternal por delante. Los que seáis padres y madres entenderéis perfectamente por qué lo digo.

Mientras escribo esto, mi hija Bella tiene 17 años. Vaya, cómo pasa el tiempo.

Por suerte, hace poco decidió que era hora de salir a buscar trabajo. Bella se presentó en una pizzería de la ciudad y tuvo una gran entrevista. Estaban dispuestos a ofrecerle el trabajo hasta que una última pregunta cambió el resultado.

Le preguntaron si ya tenía 18 años. Como la pizzería servía cerveza, era un requisito de edad mínima, y ella no lo cumplía.

Bella me llamó justo después de salir de la entrevista. Estaba abatida cuando compartió la noticia. Y yo también lo estaba. Como padre, cuando tu hijo sufre, tú también lo haces.

Pero ese no es el final de la historia.

Media hora después, Bella volvió a llamar. Las primeras palabras que salieron de su boca fueron:

—¡Papá, tengo un trabajo!

Mira quién más iba a recibir caramelos de la piñata que su hija rompió. No puedo ni empezar a decir lo contento que estaba. Y, tenía curiosidad.

Después de un revés decepcionante, la mayoría de los adolescentes meten el rabo entre las piernas y se van a casa. Pero cuando salía de la pizzería, Bella se fijó en una pequeña cafetería que había al lado. En lugar de pasar de largo, como harían 999 de cada 1.000 adolescentes que buscan trabajo, entró y se puso a hablar con la camarera.

Una cosa llevó a la otra y resultó que la cafetería estaba buscando contratar a alguien. Y esa persona no tenía que tener 18 años. Bella se reunió con el gerente y fue contratada ahí mismo.

Así es como mi preciosa hija, usando «un intento más», tomó una derrota potencial y la convirtió en una victoria.

Me resulta difícil encontrar un ejemplo más perfecto de cómo esforzarse y usar «un intento más» puede jugar a tu favor. Habría sido muy fácil rendirse, pero gracias a que Bella se esforzó por hablar con una empresa más, consiguió un trabajo y eso cambió su vida.

Quizá lo mejor de todo es que lo hizo ella sola.

De tal palo, tal astilla.

Es uno de los mejores momentos de orgullo como padre que he tenido en mi vida.

Tres maneras en las que «un intento más» puede convertirte en un triunfador

Tu camino para convertirte en un triunfador está directamente relacionado con «un intento más». Cuanto más lo intentes, más conseguirás.

He aquí tres principios de superación que hay que tener en cuenta.

Las situaciones extremas amplían la capacidad

Los logros más significativos no provienen de los lugares en los que ya estás o en los que ya has estado. **Tus mayores logros y éxitos se producen cuando te empujas a nuevos lugares y**

nuevos límites. Creas una condición extrema en comparación con lo que estás acostumbrado, y cuando lo haces, amplías tu capacidad de éxito. Tu nuevo nivel de capacidad se convierte en tu nueva norma.

A medida que te sientas más cómodo llevándote a los extremos, te sentirás más seguro porque sabes lo que te espera al otro lado.

Si te preocupa forzarte hasta el punto de agotamiento, no lo hagas. No digo que no debas descansar, pero **he comprobado que la mayoría de la gente se cansa por culpa de muy poca actividad, en lugar de por demasiada.**

Los altos grados de actividad producen energía, y tú te alimentas de esta energía. Al igual que las pilas, si no utilizas tu energía, tiendes a perderla con el tiempo.

Pero cuando usas tu energía, eso produce aún más energía. Cuando produces más energía, puedes ir a un lugar más extremo. Una vez que has estado en ese lugar, eres capaz de verlo, sentirlo, tocarlo y entender lo que es ese nuevo nivel de capacidad para ti.

Los que me conocen ahora saben por qué he adoptado el lema «llegar al límite». Durante 30 años, he entendido que **maximizar tu vida crea un nuevo nivel extremo. Ese nuevo nivel extremo crea una nueva capacidad y el lugar donde crecerás y lograrás los mayores resultados.** En otras palabras, cuando llegas al límite, también consigues lo mejor.

Ganar es un juego de números

Si quieres ser un triunfador, debes crear mejores números para lo que es importante para ti.

Gran parte de tu éxito se reducirá a tu compromiso de ejecutar las tareas básicas una y otra vez. **Debes aprender a hacer bien las cosas sencillas.** Debes obsesionarte con perfeccionar los procesos de forma repetitiva hasta crear números lo suficientemente grandes como para darte las victorias que buscas.

Los triunfadores no piensan en términos de calidad o cantidad. Piensan en términos de calidad y cantidad.

Tiger Woods no se limita a realizar los movimientos cuando practica el golpeo de las bolas de golf de dos a cuatro horas al día. Está obsesionado con golpear repetidamente cada bola de la manera correcta, con el mismo *backswing*, el mismo golpe y el mismo seguimiento cada vez.

Si has visto *El último baile,* un documental sobre Michael Jordan y los Chicago Bulls, has visto lo mucho que se exigía Jordan. O te ponías al nivel de práctica y juego de Michael, o no durabas mucho. Jordan no llegó a los libros de récords por accidente. Entendía que hay que trabajar y acumular números cuando se practica, para poder acumular victorias de todo tipo cuando se juega.

Los mejores triunfadores siempre se condicionan a incorporar «un intento más» en sus rutinas diarias. Como he mencionado, hay menos competencia cuando se llega a ese nivel, y las victorias serán mayores y mejores en todos los casos.

Tal vez hayas perdido el tiempo en tu negocio. Tal vez no hayas usado «un intento más» al máximo. Todo el mundo pasa por altibajos, pero no deberías revolcarte en esos bajos durante mucho tiempo. Sabrás cuándo no estás haciendo tu máximo esfuerzo. Sabrás cuándo no estás haciendo todo lo posible para que tú y tu negocio tengáis el mayor éxito posible.

A veces puedes esconderte de ti mismo, pero no puedes esconderte de los números.

Los números son un reflejo en blanco y negro directamente relacionado con tu esfuerzo. Es fácil comparar mes a mes o año a año el volumen de ventas, las llamadas telefónicas y otras métricas. No deberías tener problemas para llevar la cuenta de la frecuencia con la que vas al gimnasio, cuántas series y repeticiones de pesas levantas o cuántos kilómetros a la semana sales a correr.

No se puede dominar cuando no se obtienen mejores números que los de la competencia o cuando se compara con los niveles de rendimiento anteriores.

La nada lo crea todo

«Al principio creó Dios el cielo y la tierra.
La tierra estaba informe y vacía; la tiniebla cubría
la superficie del abismo, mientras el espíritu de Dios
se cernía sobre la faz de las aguas. Dijo Dios:
"Exista la luz". Y la luz existió».

—Génesis 1:1-3

Algunos teólogos interpretan el Génesis como que Dios creó todo el universo de la nada. Él simplemente habló de la existencia a partir de la nada total. Resulta que yo soy una de esas personas que también creen en esto, y profundizo en mi fe como parte de «una oración más» en el capítulo 18. Esta creencia se conoce como *creatio ex nihilo* y es la respuesta a cómo llegó a existir el universo. La *creatio ex nihilo* enseña que la materia no es eterna, sino que tuvo que ser creada por algún acto creativo divino, frecuentemente atribuido a Dios.

Así es cómo se aplica a tu vida. **Cuando te fuerces a ti mismo y vacíes todo lo que tienes dentro de ti hasta el punto de que no te quede nada, ahí es cuando se creará todo.**

Cuando te vacías, creas espacio para nuevas experiencias, objetivos y esfuerzos. Bruce Lee se hizo eco de este sentimiento cuando dijo: «Vacía tu copa para que pueda ser llenada».

No me refiero a que te lleves a la extenuación física. Nunca debes ponerte en ese estado. De lo que estoy hablando es de hacer siempre «una vez más». Cuando lo haces, te estás vaciando. Cuando no tienes nada más que dar, has alcanzado un estado *ex nihilo*.

Y estás listo para llenarte en una capacidad superior.

Cómo hacer que el poder de «un intento más» funcione para ti

La vida no te dará oportunidades.

Tienes que ser el tipo de persona que sale y crea oportunidades para ti. No esperes. Sé agresivo y entiende que «un intento más» no tiene que ser perfecto. Simplemente hay que intentarlo. **Cuando te escondes de «un intento más», lo único que estás haciendo es disfrazar tus inseguridades.**

Incluso cuando no consigues exactamente lo que quieres, cuando tratas de hacer «un intento más», la próxima vez que lo vuelvas a intentar no estarás empezando desde cero. Vas a empezar desde un nuevo nivel de experiencia que puedes aprovechar para aumentar las probabilidades de un mejor resultado.

A medida que implementes «un intento más», también crearás nuevos niveles de capacidad. En estos niveles es donde encontrarás tu mayor satisfacción. Cuanto más a menudo intentes hacer «un intento más», más a menudo ganarás porque ganar es frecuentemente un juego de números, si lo ejecutas bien y das tu máximo esfuerzo. Además, ten en cuenta que crearás nuevas posibilidades para llenar tu vida cuando hagas todos los intentos posibles y vacíes tu depósito.

La clave de «un intento más» es ser **consciente**. Debes tener la fuerza y el enfoque para dar pasos que te acerquen a donde quieres estar en la vida.

Esto no siempre es fácil de hacer. Requiere una **tranquila determinación** para mantener el rumbo.

O, como dijo una vez Mary Anne Radmacher: «El valor no siempre ruge. A veces, el valor es una voz tranquila que se escucha al final del día y que te dice que lo intentarás de nuevo mañana».

4

Una vez más y los cinco principios de la gestión del tiempo

«Cada día es una nueva vida para el hombre sabio».

—Dale Carnegie

TODOS ACEPTAMOS QUE HAY 60 SEGUNDOS EN UN MINUTO. Sesenta minutos en una hora. Y la mayoría de nosotros sigue pensando que hay 24 horas en un solo día.

Probablemente estés pensando: «Claro que sí. Son las horas que tiene el día. ¿Verdad?».

No si eres de alto rendimiento. No si eres un pensador «una vez más». En cambio, ¿qué pasaría si pudiera mostrarte cómo usar y manipular el tiempo al máximo? Los pensadores «una vez más» no tienen 24 horas en un día.

Voy a mostrarte cómo conseguir tres días en un solo bloque de 24 horas. Sé que parece una locura. Pero no lo es.

Tanto como cualquier otra cosa, este principio ha contribuido a mi éxito desde que empecé a utilizarlo hace más de 20 años. Junto con los demás principios de gestión del tiempo que empleo, lo he utilizado para triplicar el número de días que tengo, y eso me ha ayudado a triplicar mi nivel de productividad.

Los pensadores «una vez más» perciben el tiempo de forma diferente. Y ahora voy a enseñarte cómo hacer lo mismo.

Tu relación con la percepción del tiempo

El tiempo es una constante. Pero tratamos el tiempo como una variable. ¿Cuántas veces has escuchado estas expresiones?

> «Este día se está haciendo eterno».
> «Este mes se ha pasado volando».
> Y mi favorito...
> «No puedo creer que el fin de semana ya se haya terminado».

A través de nuestras experiencias, la edad, las circunstancias actuales, lo que descansamos y lo ocupados que estamos, nuestra percepción del tiempo cambia continuamente. **Los científicos llaman a esto tiempo mental, y es completamente diferente al tiempo del reloj.** El tiempo mental es la sensación de velocidad del tiempo, y el tiempo del reloj es una cronología constante medida por las manecillas de un reloj en la pared.

El tiempo es un elemento fundamental de nuestro ser y de cómo percibimos el mundo que nos rodea. Nuestro sentido de lo que somos está conformado por la forma en que nuestro cerebro conecta nuestros recuerdos, las sensaciones presentes y nuestra anticipación del futuro. Los neurocientíficos y los expertos lingüísticos, psicológicos y cognitivos han estudiado ampliamente la percepción del tiempo durante cientos de años. Entre otras cosas, los investigadores saben que la **duración percibida es única para cada individuo y no se centra en un sistema sensorial singular.** En su lugar, la percepción del tiempo es un sistema de distribución mixto en el que intervienen la corteza cerebral, el cerebelo y los ganglios basales.

Esto es lo que hay que entender. **Una vez que entiendas que puedes alterar la forma en que percibes el tiempo, puedes empezar a extender el tiempo y utilizarlo a tu favor.**

El tiempo es tu activo más valioso

El tiempo es más valioso que el dinero. El dinero es un recurso recargable. Siempre puedes añadir más euros a tu cuenta bancaria, pero no puedes añadir más tiempo a tu vida. Tu tiempo es finito. Si tienes 40 años, no puedes dar marcha atrás en el calendario y volver a tener 30.

Autores, artistas, compositores y poetas han romantizado el tiempo a lo largo de los tiempos.

> «Los dos guerreros más poderosos son la paciencia
> y el tiempo».
>
> —LEÓN TOLSTOI, *Guerra y Paz*

> «Los más sabios son los más molestos
> por la pérdida de tiempo».
>
> —DANTE ALIGHIERI

Mi pensamiento favorito sobre el tiempo puede ser el más sencillo y se atribuye a Benjamín Franklin, que dijo: «El tiempo es dinero».

Cuando se acaba el tiempo, no hay repeticiones. No se puede recuperar el tiempo. Sin embargo, nuestro activo más valioso con frecuencia es manipulado.

El tiempo mental es el tiempo percibido y está directamente relacionado con la interpretación que hace el cerebro de diversas variables.

A medida que envejecemos, disminuye la velocidad con la que nuestro cerebro procesa las imágenes mentales y la rapidez con la que las percibe. Forma parte del proceso natural de envejecimiento. Nuestra visión y plasticidad cerebral disminuyen, nuestras vías neuronales que transmiten la información se degradan, y estos cambios nos llevan a tener la sensación de que el tiempo se acelera. Aunque un acto individual ocurra en una fracción de segundo, se tarda más en llegar al mismo lugar. Perdemos esa fracción de segundo miles de veces al día.

También hay otras variables que no podemos controlar. Cuando estamos físicamente cansados, nuestro cerebro no puede transferir y procesar la información con la misma rapidez. Nuestros cerebros cansados no pueden ver y dar sentido a la información visual, auditiva o táctil de forma óptima. **Nuestros tiempos de reacción son más lentos, lo que nos hace sentir que el tiempo se acelera. En realidad, lo que ocurre es que nos estamos ralentizando en relación con el resto del mundo.**

Por eso los deportistas que no están bien descansados juegan mal. Su capacidad de procesamiento se ve afectada. Eso desequilibra su sentido del tiempo. No pueden ver o responder a las variables del juego con eficacia, lo que es una de las razones por las que incluso los mejores tiradores de la NBA a veces aciertan 4 de 20 en tiros de campo.

Los traumas psicológicos, el consumo de drogas, los sentimientos intensos de miedo o shock, el TDAH, el autismo, la depresión, la esquizofrenia y otros factores también contribuyen en gran medida a alterar la percepción del tiempo.

Los cinco principios de la gestión del tiempo

Durante los últimos 20 años, me he sumergido en el concepto de maximizar mi tiempo para lograr mis objetivos. Lo que descubrí muy pronto es que **hay que respetar la naturaleza del tiempo.** Los grandes triunfadores lo adoptan universalmente como base de su éxito, incluido yo.

Al igual que cualquier otra variable, tu relación con el tiempo puede afectar profundamente a lo lejos que llegas en la vida. He probado todo tipo de estrategias de gestión del tiempo. He añadido y quitado partes de varias filosofías que tienen sentido para mí. Y, finalmente, he desarrollado mi propio sistema al que me refiero como *Los cinco principios de la gestión del tiempo.* Si puedes adaptar y dominar estos principios en tu propia vida, disfrutarás de más éxito, ganarás más dinero, serás más productivo, añadirás capas de felicidad y construirás la vida que estás destinado a disfrutar.

Veamos esos cinco principios.

1. Añade más «días» a tu día

Los pensadores «una vez más» deben dejar de lado la noción de un día de 24 horas. La jornada de 24 horas funcionaba bien antes de que tuviéramos Internet, los teléfonos inteligentes, la tecnología inalámbrica, los coches informatizados, los aviones, los satélites y otras herramientas que nos permiten ampliar nuestra huella y movernos a la velocidad de la luz.

Ahora podemos enviar un correo electrónico a cualquier parte del mundo en un instante. Podemos mantener una teleconferencia con docenas o cientos de personas las 24 horas del día de cualquier día de la semana. En lugar de ir a la biblioteca o rebuscar en una enciclopedia, podemos buscar cualquier cosa en Google y obtener respuestas en cuestión de segundos.

La capacidad de realizar tareas se ha multiplicado exponencialmente. El acceso a la información, a las personas y a los lugares tiene lugar con una velocidad de vértigo. Por eso, si quieres ser un gran triunfador, **la jornada de 24 horas es un concepto anticuado.** En mi mundo, y para todos los pensadores «una vez más», ya no se aplica.

Ahora somos capaces de lograr más en cinco minutos, una hora o un día que lo que podíamos hacer en toda una semana o un mes hace 100 años. **Nuestra capacidad de comprimir el tiempo es nuestra capacidad de usar y manipular el tiempo para nuestros mejores propósitos.** ¿Adivina qué hace eso por tus objetivos? Te los acerca como nunca antes. Y cuando estás más cerca de un objetivo, naturalmente lo abordas con mayor urgencia.

Esta es una mentalidad que puedes poner en práctica hoy mismo. Es eficaz. Llevo haciéndolo más de 20 años, así que sé que funciona.

De vez en cuando, tendrás uno de esos días en los que todo encaja. Eres capaz de hacer un montón de cosas y ser más productivo en cuatro o cinco horas que en uno de tus días completos normales. O tal vez has tenido un día en el que has hecho más cosas que en todo un mes. **¿Y si pudieras repetir ese ritmo todos los días?**

Aquí te explico cómo.

En lugar de enfocar el día como un único bloque de tiempo, **divide tus horas del día en tres partes iguales, o mini días.** En mi caso, eso significa que mi «primer día» va de las 6 de la mañana al mediodía. Mi «segundo día» va desde el mediodía hasta las 6 de la tarde y mi «tercer día» va desde las 6 de la tarde hasta la medianoche. **Mientras tú vives siete días en una semana, yo vivo 21 días en una semana.**

Para acelerar la forma en que paso mi tiempo, así es como lo hago. Al crear días más cortos, mi mente cree que cada minuto se vuelve más valioso. No pierdo el tiempo porque **mi sentido de la urgencia funciona a un nivel superior.** En su lugar, me centro aún más en lo que tengo que lograr «hoy». Con esta estrategia, comprimo el trabajo, las relaciones, la productividad, la forma física y la diversión en trozos de tiempo más cortos e intensos. **Reduzco la línea de meta para que más de lo que hago se convierta en un esprint.**

No olvides que tu vida sigue en equilibrio. Todavía tienes tiempo para todas las partes de tu vida. **Todo lo que estás haciendo es sacar el aire inútil de las partes desperdiciadas de tu día.** Al principio, puede que te sientas intimidado por intentar hacer esto. Pero a medida que lo intentes, sustituirás los viejos malos hábitos por otros nuevos y eficaces. Te moverás más rápido y tendrás un mayor control de tu tiempo.

Esta es la parte más interesante si pones en práctica esta mentalidad. Imagina el efecto compuesto de trabajar 21 días a la semana durante un mes, un año o una década. O durante el resto de tu vida. Ahora compáralo con las personas con las que compites y que ven sus días como un único bloque de 24 horas. En mi mente, estoy viviendo más de 1.000 días en el mismo periodo de tiempo que otros que piensan que viven en un año de 365 días.

¿Quién tiene ventaja? Ya sabes la respuesta.

Soy un ejemplo vivo de lo que esta estrategia puede hacer por ti, y mis resultados han sido bastante buenos hasta ahora.

2. Aborda el tiempo con un mayor sentido de la urgencia

El filósofo alemán Arthur Schopenhauer dijo una vez: «El hombre común no se preocupa por el paso del tiempo, el hombre de talento se deja llevar por él». ¿Quieres ser común o quieres ser una persona de talento?

La urgencia es la clave. Según mi experiencia, existe una correlación directa entre la rapidez con la que se corre y la proximidad a la meta.

Si observas a los corredores de distancia en una carrera, ¿por qué la última vuelta o tramo de la carrera produce invariablemente algunos de los tiempos más rápidos de la carrera? En un maratón de 42 kilómetros mantienes un ritmo constante. A medida que te acercas a la línea de meta, tu adrenalina se dispara y encuentras otra marcha. Te esfuerzas porque estás más cerca de completar tu tarea y cruzar la línea de meta. Eso produce una liberación de endorfinas, y sientes ese subidón cálido y positivo.

Ahora piensa en correr una carrera de 100 metros. Es un esprint de principio a fin. Te enfrentas a la carrera con la máxima urgencia. Se requiere una mentalidad diferente para dar lo mejor de ti. Tu cuerpo y tu cerebro responden a un conjunto diferente de estímulos.

Que la gente se enfrente a la vida con falta de visión no es lo que les hace fracasar. Es el tipo de visión al que recurren para cruzar la línea de meta.

Tu percepción de profundidad afecta a tu capacidad de convocar esa sensación de urgencia necesaria para rendir mejor. Cuando el objetivo está más lejos, vas haciendo *footing* hacia él. Cuando está justo delante de ti, esprintas.

He aquí otro ejemplo. Eres un estudiante al que se le asigna un proyecto importante al principio del semestre con una fecha límite hacia el final del mismo. ¿Te pones a trabajar en ese proyecto inmediatamente? La mayoría pone ese proyecto en control de crucero. Lo dejan tranquilamente en el estante superior de su vida, sabiendo que se ocuparán de él más tarde. Eso es hasta que la fecha límite empieza a acercarse.

En algún momento, el pánico, el miedo, el temor y los pensamientos de «odio la universidad» y «creo que me haré camarero» hacen acto de presencia. Pero si hubieras atacado ese proyecto con un sentido de urgencia lo antes posible, la sombra amenazante, el hombre del saco, la bestia a la que te enfrentas, se reduciría a casi nada.

Si aplicas este pensamiento a todo lo que haces a lo largo del día, la semana o el año, conseguirás hacer más cosas y disfrutarás de una sensación de logro con la que otros solo sueñan.

3. Aprende a controlar el tiempo en lugar de que el tiempo te controle a ti

Cuando gestionas tu tiempo con un sentido de urgencia, te conviertes en el amo en lugar de en el siervo. Moverte más rápido te permite controlar tu tiempo la mayoría de las veces. Tienes un sentido de la urgencia, pero también tienes una mayor capacidad de decisión sobre lo que crees que es importante. Eso te permite dedicar más tiempo a lo que es significativo y gratificante para ti.

Controlar tu tiempo es una mentalidad que debería activarse en cuanto tu cerebro se despierta por la mañana. Si tu mente está en el lugar correcto, el control de tu tiempo comenzará incluso antes de que tus pies toquen el suelo por la mañana. Mientras te despiertas, tu cerebro ya está planificando tu día. **¿Prestas atención a cuáles son esos primeros pensamientos del día? Los primeros 30 minutos de tu día son fundamentales.**

Piensa en las oportunas palabras del estadista británico Lord Chesterfield: «Cuida los minutos, que las horas ya cuidarán de sí mismas».

La forma en que abordes los primeros 30 minutos de tu día marcará la pauta para el resto de las horas siguientes. Esto significa que tienes que alejarte del teléfono, el ordenador, la televisión o cualquier otra forma de entrada que pueda distraerte de lo que es importante en tu vida. En lugar de eso, utiliza esos 30 minutos para planificar tu día: revisar tus reuniones, llamadas telefónicas y proyectos; crear prioridades, meditar, estirar, practicar la ecuanimidad, reafirmar tus estándares y ponerte al día en tus objetivos...

Antes de que tu cerebro se vea desbordado por la gente, los acontecimientos y la información del día, tiene la oportunidad de concentrarse. Tu cerebro recibe el mensaje de que tú tienes el control en lugar de que el mundo te controla a ti. Estás más capacitado para empezar el día lleno de confianza y con los propósitos que tú elijas.

Por supuesto, a lo largo del día surgirán sorpresas, cambios y reorientaciones. Tú reaccionas en consecuencia. Pero cuando no tienes que lidiar con lo inesperado, tienes un mayor control y trabajas hacia tus objetivos vitales en lugar de reaccionar a todos los demás.

En otras palabras, **dicta las condiciones de tu día, o tu día dictará esas condiciones por ti.**

4. Evalúa tu rendimiento con frecuencia

Cuando se evalúa el rendimiento, este mejora. La evaluación es fundamental. Todos los expertos en motivación y organización, desde Zig Ziglar hasta Peter Drucker, incorporan esta idea a sus estrategias fundamentales por una sencilla razón.

La evaluación del rendimiento funciona.

A medida que reduzcas tus plazos y aumentes tu urgencia, también deberás reducir los intervalos de la frecuencia con la que evalúas tu rendimiento. Si no te tomas tu tiempo para evaluarlo, será más difícil corregir el rumbo. Esto conduce a la ineficacia y a la pérdida de tiempo.

Solo asegúrate de que estás evaluando las cosas correctas. Ten claros tus objetivos, prioridades y estándares. Comprende cómo funcionan en conjunto. Aprende a identificar no solo los puntos débiles, sino las fuentes potenciales de esos puntos débiles.

El legendario entrenador de baloncesto de la UCLA, John Wooden, lo puso en perspectiva diciendo: «Si no tienes tiempo para hacerlo bien, ¿cuándo tendrás tiempo para hacerlo de nuevo?». Wooden era muy estricto a la hora de hacer las cosas bien, hasta la forma en que sus jugadores se ataban los zapatos. Afinó cada técnica y proceso en sus equipos durante años, aceptando solo un estándar y midiendo los pasos intermedios casi a diario.

Si tu objetivo es correr una milla (1,6 kilómetros) en cinco minutos, o aumentar tus ventas en un 50 %, o tus ingresos en 50.000 euros, ¿cómo sabrás si estás alcanzando esos objetivos si no miras los números? Si no es así, solo estarás lanzando dardos y esperando alcanzar tus objetivos.

La gente promedio se evalúa a sí misma una o dos veces al año. Pero hacer solo propósitos de Año Nuevo no es apropiado para los pensadores «una vez más». Los mejores se evalúan mensual o semanalmente.

¿Haces balance de los logros de la semana un viernes por la noche? ¿Haces balance y estableces tus planes para la semana siguiente un domingo por la noche? Las personas con mayor rendimiento, los pensadores «una vez más», realizan este proceso a diario.

Incluso hay un nivel más allá de las evaluaciones diarias. Algunas personas se evalúan cada hora. Los más selectos tienen un mecanismo interno que se activa con la urgencia. Me he entrenado para ello, y no miento cuando te digo que, aunque suene duro, esta disciplina me ha servido.

Piensa por un momento. ¿Quién lo hará mejor? ¿La persona que reduce su intervalo de evaluación o la persona que rara vez evalúa dónde está? Tú también sabes ya esta respuesta.

5. Céntrate en el futuro

Demasiadas personas están atrapadas en el pasado. Eso mata su capacidad de ser productivas en el presente. Y les impide hacer planes para el futuro.

El pasado se ha ido para siempre, pero hasta que no lo dejas ir, el pasado es un ladrón y te roba la capacidad de soñar e imaginar. Tienes que dedicar tiempo a pensar en tu futuro porque es hacia donde te diriges. También debes mantenerte conectado al presente porque así es como construyes un futuro mejor.

Me vuelve loco ver a tantas personas atrapadas en un bucle de cómo sus vidas serían diferentes hoy, «si tan solo» esa gran cosa hubiera sido diferente. **Las personas que salen de una mala relación o que intentan distanciarse de una mala dinámica familiar son especialmente vulnerables al pensamiento del pasado.**

Esto no quiere decir que no debas abordar el trauma de tu pasado. Debes encontrar una manera de procesarlo y seguir adelante. Si no puedes, la única persona a la que haces daño es a ti mismo y a las personas que te importan en este momento.

Por el contrario, no caigas en la trampa de enamorarte de tu pasado si te han pasado grandes cosas, ya sea obtener un título universitario avanzado, conseguir un gran ascenso laboral, casarte, etc. Esas cosas son bonitas, pero si te duermes demasiado en los laureles, todavía no estás viviendo en el presente y construyendo un futuro mejor. Como dijo Coco Chanel en una ocasión: «No pierdas el tiempo golpeando una pared, esperando transformarla en una puerta».

Los pensadores «una vez más» tienen la capacidad innata de dedicar tiempo a soñar e imaginar sobre su futuro mientras toman acciones decisivas en el presente para dar forma a lo que está por venir.

Cambia la percepción que los demás tienen de ti

Cuando incorporas los cinco principios de gestión del tiempo en tu vida, la forma en que los demás te ven también va a cambiar. **Cuando la gente ve que ya no pierdes el tiempo, empiezan a no hacértelo perder a ti.** También ven que ya no pasas demasiado tiempo ocupándote de las prioridades de los demás porque estás demasiado centrado en ocuparte de las tuyas.

En el trabajo, tienes que ser razonable en este sentido. Encuentra la manera de hacer que los objetivos de tu jefe sean tus objetivos y mezcla ambos para crear armonía.

Tus amigos, familia y compañeros de trabajo entenderán que estás en modo de ataque en tu vida en lugar de en modo de reacción. Te respetarán y tus relaciones con ellos se redefinirán. Es un beneficio añadido que altera tu vida porque tu nueva gestión del tiempo es en realidad una nueva gestión de la vida.

Además, al cambiar tu forma de enfocar el tiempo, estarás abierto a conocer a nuevas personas con ideas afines y a embarcarte en nuevos proyectos y aventuras que quizá pensabas que eran solo un sueño imposible.

Permíteme dejarte con esta última reflexión sobre el tiempo de Charles Darwin: «Un hombre que se atreve a perder una hora de tiempo no ha descubierto el valor de la vida».

Deja de perder el tiempo y empieza a aprovecharlo para seguir con las cosas importantes en tu vida.

5

Una emoción más

«Las emociones no expresadas nunca mueren.
Son enterradas vivas y salen más tarde
en formas más feas».

—SIGMUND FREUD

AMOR Y ODIO. ALEGRÍA Y TRISTEZA. PAZ E IRA.
FELICIDAD Y RABIA.

¿Por qué es tan importante entender las emociones?
¿Cómo las utilizamos para tener cierto control en nuestras
vidas? Porque nuestra vida está directamente relacionada
con la calidad de nuestras emociones.

Muéstrame a alguien que experimente la felicidad, la alegría, el amor, la paz y la pasión de forma regular, y te mostraré a alguien que lleva una vida increíble. Muéstrame a
alguien que esté dominado por el odio, la tristeza, la depresión, la ira y la ansiedad y te mostraré a alguien que no está
llevando una gran vida.

No es el nivel de las casas, los coches u otras posesiones
materiales de estas personas lo que determina la calidad de
sus vidas. Es la calidad de sus emociones. **Tienes un hogar**

emocional en el que vives. La forma en que llenas este hogar con las emociones que eliges es la realidad de tu vida, más que cualquier otra cosa.

Todos nosotros experimentamos cinco o seis emociones constantes en este hogar cada día. Y no importa cuáles sean las condiciones de tu vida, encontrarás una manera de conseguir esas emociones. **Cada uno de nosotros está condicionado a volver a su hogar emocional, incluso si esas emociones no nos ayudan.**

¿Te has dado cuenta de que, independientemente de lo que ocurra en tu vida, siempre pareces encontrar esta misma media docena de emociones? Por ejemplo, es posible que busques la preocupación, la inseguridad, el miedo y la ansiedad, no necesariamente porque lo desees. Lo haces porque estas emociones te resultan familiares. **Tu mente siempre busca lo que es familiar porque hay un nivel de comodidad, incluso cuando lo familiar funciona en tu contra.** Las sinapsis de tu cerebro están conectadas para buscar y encontrar esas emociones.

Vives en ese hogar emocional. Y la verdad es que si vas a cambiar tu vida, vas a tener que limpiar la casa y cambiar ese hogar emocional.

Esto no quiere decir que todas las emociones no tengan su lugar en el mundo. Lo que percibimos como una búsqueda continua de emociones positivas y de evitar las negativas es una especie de falacia. **Todas las emociones nos sirven de una manera u otra.** La ansiedad es tan importante como la felicidad o la alegría. La ansiedad es un sistema de alerta que nuestro cerebro utiliza para protegernos.

Lo que percibimos como emociones negativas también sirven para fines importantes en muchos casos. Piensa que las emociones no son ni negativas ni positivas. Las emociones simplemente «son».

Ambos lados de tu cociente emocional deben ser gestionados intencionadamente. **Un exceso de cualquier emoción, percibida como buena o mala, no te va a ser útil.** Tu objetivo debe ser sentir emociones específicas en tu hogar emocional, independientemente de los factores externos de tu vida, como tener un determinado tipo de trabajo, vivir en un determinado tipo de casa o conducir un determinado tipo de coche.

Lo sorprendente es que cuando tienes tu hogar emocional en orden, es más probable que consigas ese trabajo, esa casa y ese coche. Muchas personas piensan que si consiguen esas cosas, sentirán las emociones positivas asociadas a la consecución de esos objetivos. Los pensadores «una vez más» invierten esa secuencia.

Los pensadores «una vez más» se proponen poner en orden sus hogares emocionales a diario, semanal, mensual y anualmente, y decidir qué emociones quieren experimentar más. **Como un pensador «una vez más», pregúntate: «¿Cuáles son las cinco o seis emociones que más quiero experimentar?».**

Cuando hagas esto, el sistema de activación reticular de tu cerebro se pondrá a trabajar para encontrar las circunstancias que te crearán esas emociones. Una vez activadas, las emociones dañinas serán eliminadas y sustituidas por emociones positivas que activarán plenamente la mejor versión de ti.

Entender el ADN de las emociones

Cuanto más entiendas la génesis y la relación entre todas tus emociones, más fácil te resultará alejarte de las emociones destructivas y sustituirlas por emociones positivas.

Las emociones son el principal motor de tu personalidad. Influyen en gran medida en cientos de decisiones que tomas cada día. Las emociones son complejas, a veces imprevisibles, y pueden surgir de maneras y en momentos que no esperabas. Platón dijo: «El comportamiento humano fluye de tres fuentes principales: el deseo, la emoción y el conocimiento». El deseo y el conocimiento son lo que adquirimos en respuesta a los estímulos que recibimos al vivir nuestra vida.

Las emociones son diferentes. Nacemos como criaturas emocionales. Nuestras emociones están en constante evolución y la complejidad de nuestro cociente emocional es única para cada uno de nosotros. Guían nuestras acciones y forman parte del ADN individual de lo que somos.

Los científicos saben que las emociones están codificadas en nuestro ADN como una respuesta de «nivel inferior» a los estímulos externos. Se cree que se han desarrollado como una forma de responder a diferentes amenazas ambientales, sobre todo la respuesta de «lucha o huida».

Las emociones emanan de las áreas subcorticales del cerebro, como la amígdala y la corteza prefrontal ventromedial. **Cuando se desencadenan, las emociones producen reacciones bioquímicas que tienen un impacto directo en el estado físico de la persona.** La amígdala también desempeña un papel en la liberación de neurotransmisores, que son esenciales para la creación de recuerdos. Sin profundizar demasiado, esta es la razón por la que los recuerdos emocionales son más sólidos y fáciles de recordar.

Todas las emociones tienen un propósito

Al igual que las emociones positivas, las negativas son una valiosa fuente de información cognitiva que te ayuda a entender lo que ocurre a tu alrededor. Te ayudan a identificar las amenazas y a estar en guardia ante posibles peligros. Las emociones negativas son un contrapeso esencial para ayudarte a ver los dos lados de una situación.

Aunque el miedo y la ansiedad se consideran emociones negativas, pueden ser lo que te incite a pasar a la acción y cambiar tu vida cuando reconozcas su presencia. Si se aprovechan adecuadamente, las emociones negativas son motivadores que nos ayudan a abordar y corregir comportamientos.

La culpa está ligada a nuestra brújula moral y, cuando sentimos esta emoción internamente, nos castigamos porque creemos que hemos hecho algo malo. El sentimiento de culpa nos impide hacer cosas malas, como cometer delitos, engañar a nuestro cónyuge, eludir impuestos o beber y conducir.

Del mismo modo, los celos se denominan a veces envidia benigna. Esta envidia benigna puede motivar a alguien a creer que si otra persona puede lograr un objetivo, como sacar una buena nota o alcanzar una cantidad elevada de euros en ventas, eso también está de manera tangible a su alcance. **Puedes replantear los celos como algo bueno cuando eres capaz de verlos como un objetivo alcanzable para ti también.**

La clave es mantener estas y otras emociones negativas bajo control. Cuando nos vemos atrapados en un ciclo interminable de emociones negativas es cuando nos metemos en problemas. Regodearse en las emociones negativas puede perjudicar nuestra capacidad de pensar con claridad, especialmente cuando esas emociones son increíblemente intensas.

Tú eres tus emociones. Y si no te pones a pensar en cómo interactúas con tus emociones y te mueves hacia las emociones que quieres, vivirás la misma vida de siempre. Una vez que aprendes a identificar tus emociones, estas empiezan a aflojar su control sobre ti. Tu conciencia significa que estás obteniendo el control.

Como pensador «una vez más», puedes empezar a reemplazar las emociones dañinas dominantes por emociones útiles cuando obtengas el control. Las emociones nuevas y positivas te darán energía. Te ayudarán a trazar nuevas metas y direcciones. Te resultará más fácil conseguir hacer grandes cosas en tu vida cuando vivas con confianza y felicidad en lugar de dudas y desesperación.

Imagina lo que pasaría si pudieras reconstruir tu marco emocional, una emoción más cada vez, para ponerte en posición de convertirte en millonario, comprar la casa de tus sueños o encontrar a tu alma gemela. Cambiar tus emociones de una mentalidad de «no puedo hacerlo» a una mentalidad de «sí puedo hacerlo» es un paso esencial para hacer que todas estas cosas sucedan.

Por qué acumulas tus emociones

Cambiar tu mentalidad emocional es un reto, no voy a mentir. Hay barreras mentales que superar cuando has sido precondicionado a pensar de una determinada manera, una manera que te reconforta y hace todo lo posible por evitar el dolor. **A menudo, las acciones que realizas en tu vida se deben a que crees que te darán una respuesta emocional concreta.** Compras flores para tu mujer o tu novia porque quieres demostrarle tu amor y sentirlo a cambio. Das un largo paseo por la playa o una caminata en solitario por un parque como forma de despejar tu mente y encontrar la paz. Te dejas la piel para alcanzar un objetivo laboral de fin de año porque sabes que disfrutarás del reconocimiento que recibas y del orgullo que sentirás.

Las emociones son más fuertes y permanentes que los sentimientos. Los sentimientos son reacciones emocionales. Son más transitorias y superficiales por naturaleza. Las respuestas emocionales son más profundas y pueden medirse mediante señales físicas. ¿A qué madre no se le acelera el corazón cuando su hijo vuelve a casa después de un largo despliegue en el ejército para darle una sorpresa? Si te peleas con tu pareja, en algún momento dejará de hablarte, pero su lenguaje corporal te dirá todo lo que necesitas saber. Hay estudios que incluso han demostrado que la ira malsana en su estado reprimido tiene relación con el cáncer.

Si no van acompañadas de emociones positivas, las emociones negativas pueden crear una corriente interminable de reflexiones. Este pensamiento negativo repetido aumenta los niveles de estrés del cerebro, inundando nuestro cuerpo con la hormona del estrés, el cortisol. Esto puede llevar a la depresión, a comer en exceso, al abuso de drogas y alcohol, a la hipertensión y a las enfermedades cardiovasculares.

Aunque quieras acaparar y experimentar solo emociones positivas, lo cierto es que es totalmente normal experimentar todas las emociones. Eso significa que la ira, el miedo, el asco, la tristeza, el desprecio, la vergüenza, la culpa y otras emociones que percibimos como negativas son tan normales como la sorpresa, la felicidad, la satisfacción, la alegría y el alivio, por nombrar algunas. **Cuando tratas de reprimir las emociones negativas percibidas en favor de buscar y permitir únicamente la existencia de emociones positivas en tu mente, inclinas una delicada balanza que acaba causando problemas en vez de evitarlos.**

Acumular emociones empeora tu capacidad de distinguir entre la realidad y lo que percibes como tal. A su vez, crea un desorden emocional que puede afectar a todos los aspectos de tu vida. A lo largo de tu vida has conocido a personas que están extremadamente felices, y has conocido a personas que están en modo deprimido permanente. Ambas pueden ser difíciles de tener cerca. Eso es porque ambas se protegen de sus emociones de verdad escondiéndose en medio de este desorden emocional.

El acto de ordenar las emociones

Clasificar las emociones de forma que te ayuden es un proceso intencionado. Ten en cuenta que tus acciones pueden darte ciertas cosas y resultados materiales, pero con la misma frecuencia, **quieres que la emoción esté ligada a esos resultados.**

Las personas son conscientes de sus acciones, pero rara vez dedicamos el tiempo suficiente a pensar en las emociones

que conllevan esas acciones. Para que esto ocurra debemos examinar más de cerca lo que queremos. Y debemos ser sinceros cuando lo hagamos. El autor de *Padre Rico, Padre Pobre*, Robert Kiyosaki, lo expresa de esta manera: «Las emociones son lo que nos hace humanos, lo que nos hace seres reales. La palabra "emoción" equivale a energía en movimiento. Sé fiel acerca de tus emociones, y utiliza tu mente y tus emociones en tu favor, no en tu contra».

Las personas son un compuesto de un pequeño puñado de emociones con las que viven cada día. Estas emociones crean nuestros hogares emocionales. Como cualquier hogar, tu hogar emocional puede no ser perfecto, pero es cómodo.

Independientemente de nuestro entorno físico, algunos tenemos muchas emociones positivas. En nuestro hogar emocional, experimentamos de forma rutinaria la felicidad, la satisfacción, el orgullo y mucho más. Pero otros viven en hogares desagradables dominados por el resentimiento, la ira, la desconfianza, la depresión y el estrés. Estos visitantes no deseados están desbocados y fuera de control.

Y nos perjudican.

Al igual que todos los huéspedes que se quedan demasiado tiempo, **nos insensibilizamos a su influencia.** Se convierten en nuestra forma de vida. Empeora todo ya que, como estamos programados para ir tras cualquier cosa sin prestar atención a nuestras emociones, cuando fallamos, esos malos sentimientos no paran de crecer.

El acto de ordenar las emociones significa echar a estos huéspedes indeseables para poder invitar a otros huéspedes más positivos a una estancia prolongada y permanente.

Sé honesto e intencionado

Los pensadores «una vez más» deben elegir cambiar las emociones dañinas. Cuando lo hagas, tu hogar emocional cambiará. De hecho, es como mudarse a una casa completamente nueva.

No basta con pasar a la acción para conseguir lo que quieres. Todos hemos oído historias de personas que han hecho fortuna, pero que también llevan una vida problemática y miserable. Viven con miedo, codicia y desconfianza, aunque también vivan en una mansión de 10 millones de euros y 100 millones en el banco.

Han caído en la trampa de creer que serán felices por defecto si se hacen ricos. Pero el problema es que no han elegido conscientemente ser felices, practicar la gratitud ni ser amables y generosos. No fueron conscientes. Y ahora, aunque externamente parezcan ser de una manera, a menos que hayan superado las abrumadoras emociones negativas, están muriendo lentamente por dentro.

Hazte esta pregunta, si pudieras elegir tener 100 millones de euros en el banco, pero no tuvieras paz en tu vida, ¿harías ese sacrificio? **¿Cuál es el precio de tu alegría y felicidad?** Ahora bien, si pudieras elegir tener un millón de euros en el banco, pero estar completamente satisfecho, rodeado de gente a la que quieres y que te quiere, y con ganas de vivir cada día, ¿elegirías eso en su lugar?

Como he dicho, cambiar las emociones es un acto intencionado y **un ejercicio de honestidad.** Como dice la autora de *best sellers* Therese Benedict: «Cuando llevas una vida de honestidad, vives una vida de verdad».

Si no puedes ser sincero contigo mismo, ¿qué derecho tienen los demás a esperar que seas sincero con ellos? Ser honesto e intencionado son dos de los mejores regalos que puedes hacerte a ti mismo. **La honestidad es el trampolín desde el que todas las emociones emanan. La intencionalidad es el músculo que necesitas para llegar a esas emociones sinceras.**

Afortunadamente, si estableces tus estándares y objetivos de la manera correcta, puedes tener 100 millones de euros en el banco y estar en paz con las emociones que te vienen bien.

Llena tu hogar de emociones positivas

Hay algunas acciones que puedes llevar a cabo para avanzar conscientemente hacia la reformulación de tu mentalidad emocional. Tendrás más éxito a la hora de invitar a las emociones adecuadas a tu hogar si haces lo siguiente:

- **Medita.** Cuando ralentizas tu cerebro, te concentras y te centras en lo que quieres, tu cerebro se compromete y te acerca a esos objetivos. Cuando decidas conscientemente que quieres liberar tu ira o tu miedo, dejarás espacio para la paz y la tranquilidad.

   Medito a diario para empezar el día. Despejo los pensamientos negativos que no me sirven. Practico la gratitud y la positividad. Me concentro en lo que tengo que hacer en el día y luego me ocupo de mis prioridades. Por encima de todo, avanzo, no retrocedo.

- **Encuentra el equilibrio.** Si todo lo que haces es traba-jar, aunque te encante, no tienes tiempo para descansar y recuperarte. Cualquier contratiempo o emoción ne-gativa puede acumularse y producir el enorme desor-den del que he hablado. Dedica tiempo a actividades y personas que devuelvan el equilibrio a tu vida. En mi caso, eso puede ser un partido de golf o sacar a mis perros a pasear. Ambos son descansos relajantes que necesito para recuperar mi salud emocional. Crea nue-vos hábitos. Establece nuevos objetivos. Practica el tan necesario autocuidado de forma rutinaria.

- **Identifica tus desencadenantes.** Esto vuelve a la inten-cionalidad. Averigua qué es lo que te hace enfadar o te frustra. ¿No soportas que la gente llegue tarde a las citas o cancele en el último momento? ¿Hay algún compañero de trabajo especialmente molesto que te ponga la piel de gallina? ¿La política, los impuestos, el calentamiento global o el abandono de los niños hacen que te enfades? Tómate el tiempo necesario para relativizar los factores desencadenantes. Hay co-sas que puedes cambiar y controlar. Y otras que no. Controla tus desencadenantes o te comerán vivo.

- **Decide cambiar tu forma de pensar.** Identifica una emoción negativa de la que te gustaría deshacerte o una emoción positiva de la que te gustaría disfrutar más y haz un esfuerzo consciente para avanzar en esa dirección. Mientras lo haces, considera lo que dice Proverbios 23:7: «porque son como pelo en la gar-ganta: | "Anda, come y bebe", te dice, | pero no te habla con sinceridad».

Cuando seas capaz de alinear tu corazón y tu mente, estarás listo para poner el poder de una emoción más a trabajar para ti.

6

Una asociación más

«Nunca superarás a tu círculo íntimo».

—JOHN WOODEN

CUANDO AJUSTAS TUS ASOCIACIONES, te permites transformar tus acciones y mejorar radicalmente tus resultados. Podrías estar a una asociación de cambiar toda tu vida.

Como pensador «una vez más», tienes la obligación de seguir refinando tu grupo de amigos y familiares para que añadan valor a tus pensamientos, objetivos, estándares y resultados. Una de las dinámicas más poderosas del mundo es ser productivo y feliz de la manera que tu grupo de iguales espera de ti.

La conclusión es la siguiente: es posible que tengas que cambiar o ampliar tu relación con otras personas, porque **es fundamental controlar a quiénes permites entrar en tu círculo íntimo,** y debes cultivar e invertir en esas personas como medio para invertir en ti mismo.

Tus relaciones te definen

Tus relaciones influyen directamente en tu forma de desenvolverte en el mundo. Desde el día en que naciste, has establecido vínculos con otros seres humanos. Tus cuidadores y tu familia más cercana fueron todo tu mundo al principio. Cuando creciste, tus amigos, otras personas con intereses comunes y tus compañeros de trabajo se convirtieron en tu centro de atención.

Todas estas relaciones te han definido a lo largo de tu vida. Algunas han aportado un gran valor. Otras han sido una gran pérdida de tiempo.

Considera las palabras del poeta John Donne, que escribió:

Ningún hombre es una isla entera por sí mismo.

Cada hombre es una pieza del continente, una parte del todo.

Si el mar se lleva una porción de tierra, toda Europa queda disminuida, como si fuera un promontorio, o la casa de uno de tus amigos, o la tuya propia.

Ninguna persona es una isla; la muerte de cualquiera me afecta, porque me encuentro unido a toda la humanidad; por eso, nunca preguntes por quién doblas las campanas; doblan por ti.

Tus relaciones te unen al mundo. No eres una isla. Todo lo contrario, formas parte de una red humana entrelazada que configura tu identidad en función de tus asociaciones. Por eso, **las personas con las que pasas más tiempo son las que más te influyen.**

Aunque tienes cierta capacidad de decisión sobre las relaciones con tus familiares, no puedes cambiar tu ADN. Puedes elegir limitar la forma en que te relacionas con los miembros de la familia que son tóxicos, dominantes o detractores. Desgraciadamente, las relaciones familiares son complicadas, así que para los propósitos de un pensador «una vez más», **céntrate en las relaciones sobre las que tienes mucho más control, es decir, tu grupo de iguales.**

Tu grupo de iguales es la fuerza y el agente influyente más potente en tu mundo. Debes poner el máximo cuidado en quién dejas entrar en este grupo. **Para tener éxito en la vida, los estándares de tu grupo de iguales deben coincidir con los tuyos.** Sus estándares deben convertirse en los tuyos y viceversa.

William J. H. Boetcker dijo: «Un hombre es juzgado por la compañía que mantiene, y una compañía es juzgada por los hombres que mantiene, y los pueblos de las naciones democráticas son juzgados por el tipo y el calibre de los funcionarios que eligen».

Sé prudente con la compañía que mantienes. Te guste o no, **eres la suma de tus relaciones, y se te juzga por ello.** Tus relaciones son una parte importante de cómo te ve el mundo. Eso puede jugar a tu favor o en tu contra.

Si no estás obteniendo todos los resultados que deseas en la vida, echa un vistazo a tus relaciones más cercanas. Puede que descubras que una relación se ha vuelto rancia, que tú has cambiado, que la otra persona ha cambiado o que el tiempo y la distancia hayan hecho que el vínculo ya no sea lo suficientemente fuerte como para beneficiarte.

Cuando esto ocurre, es el momento de que los pensadores «una vez más» consideren la posibilidad de añadir nuevas y diferentes asociaciones a sus vidas.

La diana de tus relaciones

Piensa en tus relaciones como en una serie de círculos concéntricos, como una diana.

Cada espacio circular representa diferentes niveles de intimidad de las personas que encuentras en tu vida. Cuanto más te acerques al centro del círculo, más cerca estarás de las personas con las que conectas a un nivel más profundo.

Por ejemplo, el anillo más externo del círculo está formado por los desconocidos con los que te encuentras a diario. Puede ser la gente que se sienta en la mesa de al lado en un bar de deportes, viendo el mismo partido que tú. O un cliente potencial que te llama en frío para saber más sobre tus productos o servicios. Estos desconocidos aparecen constantemente en tu vida, y luego desaparecen, para no volver a ser vistos ni escuchados. En general, el impacto de los desconocidos en tu vida es insignificante.

Los conocidos son personas a las que ves de vez en cuando, como el carnicero que está detrás del mostrador de carne en tu supermercado de confianza o los padres de los amigos de tu hijo o hija. Las pequeñas charlas que mantienes a lo largo del tiempo te unen a estas personas, y disfrutas de las interacciones aleatorias cuando te topas con ellas.

Las relaciones casuales os acercan aún más a ti y a los demás. Piensa en estas personas como tu círculo externo de amigos. Son los profesores de tus hijos, la gente que ves en las fiestas de amigos y los miembros de los mismos clubes u organizaciones a los que perteneces. Inviertes tu energía para las relaciones con ellos de forma limitada. Te sientes cómodo compartiendo información y te suelen gustar estas personas, pero tu relación con ellas es reservada, y no te esfuerzas por mantenerlas en tu vida.

El círculo más íntimo es pequeño y está formado por unas pocas personas que te afectan a diario. Estas personas pueden ser tu cónyuge, tus hijos o tus padres. Pero no siempre es así. No hay reglas rígidas que digan que los familiares de sangre tienen acceso inmediato. **No todos los familiares y amigos de toda la vida acaban formando parte de tu círculo íntimo,** y eso está bien. Puedes seguir estando cerca de esas personas. Sus relaciones son valiosas y merecen tu tiempo y compromiso.

Tu círculo íntimo puede tener un mentor o un socio que ha trabajado a tu lado para convertir una empresa compartida en un éxito. Puede ser un amigo con el que simplemente te llevas bien. Hay un vínculo de confianza, compromiso y familiaridad que os acerca, y no hay un calendario establecido sobre la rapidez con la que se desarrollan estas relaciones del círculo íntimo. Algunas tardan años, y otras pueden darse en cuestión de meses.

Estos vínculos siguen siendo fluidos, y cuando cambian, es cuando hay que considerar nuevas asociaciones.

Tú estás en el centro de todos estos círculos. **Tú eres la diana.** La naturaleza de la vida es que las personas entran en tu vida y se acercan al centro de la diana, o se alejan. Puede llevar años o tan solo unas semanas, pero la gente rara vez permanece en un círculo durante toda tu vida.

Es otra forma de explicar la expresión de que las personas entran en tu vida por «una razón, una temporada o una vida». **Con el tiempo, se revela la relación que cada persona tiene contigo. Cuando ese propósito se ha realizado, tu relación cambia, y otras nuevas pasan a llenar el vacío.**

Las personas de cada uno de estos círculos influyen en tu vida. Cuanto más se acerquen al centro del círculo, mayor será el potencial para un diálogo continuo y significativo y el impacto en ti. Los límites entre estos círculos son fluidos y dinámicos. Las relaciones cambian constantemente, y las personas pasarán de un círculo al siguiente dependiendo de cómo cambie tu vida o la de ellos. El tiempo y las circunstancias crean esta corriente de personas que se mueven de un círculo a otro todo el tiempo.

Una mirada más cercana a tu círculo de amigos

Todos los círculos de tu vida te influyen en un grado u otro. Pero son las relaciones que tienes con tu círculo más cercano las que más lo hacen. Por eso, cuando añades o dejas una relación en tu círculo más cercano, experimentarás la mayoría de los cambios.

Piensa en tu pequeño grupo de amigos con los que mejor te llevas. ¿Quiénes son las dos, tres o cuatro personas, aparte de tu familia, con las que has pasado más tiempo en los últimos 90 días? ¿Tienen esas personas dos o tres cosas en su vida, ya sean posesiones materiales, éxito en los negocios, nivel de *fitness*, espiritualidad u otras emociones que experimentan, que deseas desesperadamente en tu propia vida? Si no puedes identificar rápidamente esas cosas, es posible que esas relaciones no satisfagan las necesidades de tu círculo íntimo.

Las personas pueden seguir aportando valor a tu relación con ellas, pero para el objetivo de este debate, estoy hablando de asociaciones que pueden cambiar tu vida. Si no tienen nada en su vida que tú no tengas, pero quieras, es hora de reevaluar si debes buscar otras asociaciones para satisfacer tus necesidades.

Por el contrario, si estas personas tienen cosas en sus vidas que tú no quieres desesperadamente, como estar sin dinero, no estar en forma, estar constantemente enfadado, ser perezoso, etc., entonces tienes que evaluar tu proximidad a ellos inmediatamente. Incluso si os queréis, tienes que evaluar tu proximidad a ellos porque lo que tienen influirá en lo que conseguirás.

Es un proceso continuo de añadir a tu vida personas que tienen las cosas que más quieres. Así es como funciona. **La proximidad a las personas provoca familiaridad, y nuestro cerebro se mueve hacia esa familiaridad.**

La calidad antes que la cantidad también es esencial. Incluso una pequeña cantidad de tiempo dedicado a la pareja adecuada puede suponer una gran diferencia. Te apoyas y aprendes del otro. Te ríes y te lamentas con ellos y sientes lo que ellos sienten. Se alegran de verdad de tus éxitos y tú te alegras igualmente de los suyos. Hay una gloria reflejada cuando uno de tus amigos más cercanos tiene éxito porque sientes que tú también lo estás teniendo.

Piensa en algunas de las sinergias que surgen de estas famosas amistades íntimas. Steve Jobs y Steve Wozniak. Tina Fey y Amy Poehler. Warren Buffett y Charlie Munger. Ice Cube, Dr. Dre y NWA. Oprah Winfrey y Gayle King. La lista es interminable.

Las grandes obras de arte o los logros de cualquier tipo suelen ser la visión de una sola persona, pero se hacen realidad con la ayuda de un círculo de amigos que dan vida a esa pasión.

Piensa en grupos como Foo Fighters, Imagine Dragons, Florida-Georgia Line, Green Day, Linkin Park o cualquier otro grupo que haya triunfado en el mundo de la música.

Todos ellos son excelentes ejemplos de un esfuerzo de colaboración hacia una visión única.

Cuando tú y tu círculo íntimo estáis alineados, todas vuestras vidas fluyen. Las cargas son más ligeras. Tu confianza reina. Te sientes feliz. Irradias estas cosas positivas hacia todas las partes de tu vida y las vidas de los demás.

Sin embargo, a veces tu círculo más cercano ya no aporta el valor que necesitas. Sin que sea culpa tuya o suya, la vida cambia. Es increíble lo rápido que alguien puede caer en desgracia o convertirse en un extraño en comparación con la persona que una vez conociste.

A medida que tu vida cambia, tus amigos también lo harán. Sus pensamientos y creencias cambiarán. Tú seguirás creciendo, y ellos quizá no. Puede ser un momento difícil cuando te das cuenta de esto. En el fondo, lo sabrás. Entonces tendrás que decidir cómo quieres que cambie la amistad.

La gente entra y sale de nuestras vidas todo el tiempo. **Todo tiene una fecha de caducidad,** y cuanto antes aceptes que una amistad, aunque siga teniendo valor, no cumple los criterios necesarios para satisfacer tus necesidades de más alto nivel, antes aceptarás que probablemente necesites encontrar una nueva asociación en tu vida. A continuación, debes elegir intencionadamente mover a estas personas de tu círculo íntimo a tu círculo exterior, dándote la oportunidad de maximizar el potencial de nuevas asociaciones del círculo íntimo.

Al igual que los coches necesitan un mantenimiento regular, también lo necesitan tus relaciones. Evalúa si la proximidad de las personas de tu círculo íntimo sigue siendo apropiada o no. Tómatelo en serio. **Sé sincero sobre lo que necesitas de las personas que más necesitas.** Como advirtió

Benjamín Franklin: «Ten cuidado al elegir un amigo. Ten más cuidado cuando cambies de amigo». Palabras que tienen tanto significado hoy como hace más de 200 años.

No te tomes esta responsabilidad a la ligera. Pero tampoco la descuides, simplemente porque no quieres tomar una decisión difícil. Los pensadores «una vez más» reconocen que las relaciones se expanden y se contraen con el tiempo. Este movimiento permite que una asociación más añada un valor inconmensurable y nos dé más de la vida que merecemos.

Requisitos para entrar en tu círculo íntimo

La dinámica familiar puede ser un reto. En general, aceptamos que algunos de nuestros familiares directos formen parte de nuestro círculo íntimo. No puedes elegir a los miembros de tu familia, pero sí puedes elegir a quién más puedes admitir en tu círculo íntimo de amigos. La forma en que decidas quiénes son estas personas tendrá un impacto en gran parte de tu vida, así que delibera con cuidado.

Para mí, entre tres y cinco amigos es lo mejor. Tu círculo íntimo puede ser un poco más pequeño o más grande. **Pero no pienses que debes tener 15 o 20 personas en tu círculo íntimo.** Si lo haces, diluyes la calidad de las asociaciones con las que tendrás que contar al más alto nivel. Además, son muchas personas a las que hay que seguir el ritmo, y te agotarás en el proceso.

Las personas a las que permites entrar en tu círculo íntimo son una de las elecciones más importantes de tu vida. Si eliges bien, tu vida se verá impulsada a nuevos niveles de felicidad y productividad. Si eliges mal, sufrirás los golpes y dardos de una vida mal vivida.

Entonces, la cuestión es cómo evaluar adecuadamente los criterios de admisión en tu círculo íntimo.

Tendrás ciertos prejuicios basados en tus valores, creencias y experiencias que emplearás. No existe una fórmula mágica. Algunas de tus decisiones se toman por intuición. Otras se basan en tu historia con una persona. En cualquier caso, la admisión en tu círculo íntimo debe producirse de forma orgánica, con el tiempo.

Hay algunas cualidades de alto nivel que debes tener en cuenta al tomar tus decisiones. Las personas de tu círculo íntimo deben tener un sentido de madurez emocional plenamente desarrollado. Deben ser influencias tranquilizadoras que sean felices y altamente productivas. Deben ser leales y tomar decisiones racionales basadas en la razón y no en el impulso.

Haz ingeniería inversa en el proceso de examinar tus asociaciones. Si conoces a alguien que sabe lo que espera para su propia vida, entonces, como socio cercano, eso es lo que deberías esperar en la tuya como consecuencia de vuestra relación.

Las personas infelices no son emocionalmente maduras y no ayudarán a tu relación. Ya sea un amigo, un compañero de trabajo o un miembro de la familia, haz lo posible por limitar tu interacción con ellos. Puedes seguir siendo cordial y mantener una relación con estas personas. **Pero no te dejes arrastrar por su vórtice emocional negativo a tu costa.** Pagarás un precio importante si lo haces.

Si ves cosas que te desaniman y no es probable que cambien rápida o fácilmente, entonces son personas que debes mantener a distancia o eliminar de tu vida. No es fácil. Pero es necesario para los pensadores «una vez más».

Tu círculo íntimo también debe estar formado por buenos seres humanos. Deben tratar bien a los demás y estar libres de miedo, ira y prejuicios que puedan perjudicar a otros con sus pensamientos y actos. Deben estar por encima de cualquier reproche ético, ser compasivos con los menos afortunados y proteger a los niños, los ancianos y las personas con capacidades mentales o físicas limitadas.

Tu círculo íntimo también debería inspirarte a un nivel visceral. Deberías ser capaz de sentir ese «entusiasmo» cuando estás cerca de estas personas. Tienes ganas de la liberación de dopamina que sabes que se produce cuando estás con ellos.

Aplica tus estándares también a tu círculo íntimo. Quieres mentes agudas para los negocios, empresarios o tipos analíticos que puedan equilibrar tus deficiencias y ayudarte a alcanzar tus objetivos. **Al juntaros, estas asociaciones te hacen más grande que la suma de tus partes.**

Piensa en varios rasgos que te vengan inmediatamente a la mente que debería tener tu círculo íntimo. ¿Puede tu círculo íntimo ayudarte a estar completo en tus asuntos financieros, tus relaciones, tu salud emocional, tu fe, tu bienestar físico, o proporcionar el amor que toda persona necesita? Si estas personas no pueden elevar tus necesidades esenciales en tu vida, no tienen cualidades que te sean útiles, según lo que necesitas. Esto no quiere decir que no puedan ser amigos, porque por supuesto que sí. No te deshagas de una persona que no se ajusta a las necesidades de tu círculo íntimo. Por el contrario, sigue buscando añadir a alguien que sí lo haga.

Reajustar a las personas en los distintos círculos de tu vida no es fácil. Distanciarse de alguien que ya no es compatible con tus pensamientos, creencias y objetivos cambiantes puede producir un sentimiento de culpa difícil de superar. Pero a veces es necesario. Solo puedes controlar tus pensamientos y acciones. No puedes controlar a los demás. **Si la gente elige pensar y hacer cosas que son contraproducentes para que vivas tu mejor vida, entonces te corresponde a ti tomar las decisiones que mejor te sirvan.**

Cuando te quedas en las malas relaciones, no dejas espacio para las mejores, esas asociaciones de «una vez más» que cambian tu vida a mejor y para siempre. Acepta que algunas personas pasarán el corte y otras no. Sé justo, pero firme al tomar este tipo de decisiones.

Permíteme dejarte con una última reflexión de Vincent Van Gogh sobre uno de los mayores regalos que pueden ofrecer tus asociaciones más íntimas:

«Los amigos cercanos son verdaderamente los tesoros de la vida. A veces nos conocen mejor que nosotros mismos. Con gentil honestidad, están ahí para guiarnos y apoyarnos, para compartir nuestras risas y lágrimas. Su presencia nos recuerda que nunca estamos realmente solos».

7

Un sueño más

«Deja atrás el pasado y ve hacia el futuro.
Ve con confianza en la dirección de tus sueños.
Vive la vida que has imaginado».

—HENRY DAVID THOREAU

LOS NIÑOS SON SOÑADORES. SU IMAGINACIÓN ES LA QUE GOBIERNA SUS SUEÑOS. Son curiosos por naturaleza. Estas cosas hacen que los niños sean las personas más felices de la Tierra. Y también grandes maestros.

Entrar en el estado de sueño

Las personas más felices de la vida operan a partir de su imaginación y sus sueños, y no de su pasado.

¡Para! Vuelve a leer esa frase. Esta es una de las ideas más poderosas para un pensador «una vez más». Para ser feliz, exitoso y productivo, opera desde tu imaginación, tus sueños y tu visión.

Reformular toda tu mentalidad no es una acción sutil. Requiere un esfuerzo concentrado durante un período prolongado para romper los hábitos de pensamiento preexistentes.

No hay manera de que experimentes tu mejor vida si tratas de operar desde tu pasado o tus recuerdos. No se puede hacer. Para un momento y dale un par de vueltas más.

Una lección infantil para ti

Un niño de 4 años, y los niños de todas las edades, son más felices porque actúan en el aquí y ahora. Sus corazones y mentes están llenos de sueños, fantasía y creatividad. Su pasado no les pesa porque no tienen pasado.

En un momento u otro, la mayoría de los niños y niñas fingen ser Batman, Spiderman, una princesa de Disney o Barbie mientras juegan. Son el producto feliz de sus mentes libres.

Piensa en la frecuencia de tus sueños. ¿Cuándo fue la última vez que tuviste tu momento Batman o princesa? ¿Visitas intencionadamente tu imaginación con frecuencia? Apuesto a que la mayoría de vosotros no lo hace. Aunque una de las mejores partes de soñar es cuánto cuesta.

Soñar es gratis.

Además, **soñar es uno de los mayores regalos que podemos hacernos. Sin embargo, casi nadie lo aprovecha.** Lo triste es que no soñar te costará todo. Cuando no soñamos, nos privamos de crear bonitos recuerdos en el futuro. Es una triste ironía. En cambio, a medida que envejecemos, muchos de nosotros nos vemos lastrados por nuestro pasado. Luchamos contra los duros recuerdos que se interponen en nuestro camino para vivir una vida feliz.

¿Con qué frecuencia sueñas?

¿Y con qué frecuencia piensas en tu carrera o en cómo te ha tratado tu jefe a lo largo de los años? En tu vida personal, ¿te has obsesionado con un matrimonio difícil? ¿Te han herido o traicionado tus padres, hermanos o amigos? ¿Has sufrido una serie de contratiempos financieros o de salud?

Piensa en tu pasado como si fueran maletas llenas de cemento. Por muy pesadas que sean esas maletas, muchos de nosotros tenemos miedo de dejarlas porque llevarlas es lo único que conocemos. Aunque no te gusten esas maletas, hay una sensación de seguridad porque esas maletas están llenas de familiaridad. Por eso a tu cerebro le gusta volver allí.

Con el tiempo, el cemento de esas maletas se multiplica, y tu cerebro se vuelve más pesado y está más abarrotado de los retos de la vida y las preocupaciones de los adultos.

También utilizamos nuestro pasado imperfecto para crear una visión defectuosa del futuro. Después vivimos ese futuro y nos quedamos atascados. Nos cuesta salir de nuestras arenas **movedizas mentales,** lo que nos hace sentir que nos ahogamos. Como adultos, hay una conexión directa entre la falta de felicidad y productividad y nuestra adicción a operar desde nuestros recuerdos. Para vivir una vida mejor, **debemos elegir conscientemente operar desde nuestro estado de sueño y no desde nuestro pasado.**

¿Por qué estás atrapado en tu pasado?

Aunque estés creciendo, aprendiendo más y haciendo más, ¿por qué no están cambiando tus emociones, tu productividad y tu felicidad?

Porque estás atrapado en un patrón de pensamiento, **un bucle de repetición continuamente ligado a tu pasado.** Lo peor es que estos patrones son inconscientes. Podrías pasar años sin darte cuenta de que estás atrapado en ellos.

Te señalo estos patrones para que puedas salir de ellos aumentando tu conciencia. **Los patrones y los bucles pierden su poder sobre nosotros una vez que te haces consciente de ellos.** La conciencia es la kriptonita de los patrones de pensamiento negativos. Una vez que eres consciente, puedes cambiar un patrón existente soñando con un futuro espectacular y convincente. El pasado es el pasado.

¿Puedes reconocer patrones negativos de emociones o acciones en tu vida actual? No debería ser demasiado difícil. ¿Una mala relación? ¿Un trabajo sin futuro? ¿Un problema crónico de abuso de sustancias?

¿Qué pasaría si pudieras crear patrones infantiles arraigados en los sueños y la imaginación, en lugar de quedarte con los pensamientos negativos del pasado? Los patrones antiguos crean satisfacción en tu cerebro. Una de las principales funciones de tu cerebro es protegerte de las amenazas percibidas como parte de la respuesta de «lucha o huida». No hay necesidad de emprender la huida ante algo que ya se ha producido.

Por naturaleza, anhelamos el orden. Estamos predispuestos a resolver problemas porque resolverlos nos hace sentir bien. Y también por eso nos intimida nuestro futuro desconocido. No podemos aplicar el mismo nivel de certeza en nuestras vidas a cosas que aún no han sucedido. Pero la verdad es que solo te haces daño a ti mismo.

Eso no quiere decir que debas quedarte en el pasado. Mucha gente se alegra de seguir conectando con las mismas personas, lugares, comportamientos y rituales que definen su vida. Por supuesto, hay un lugar para eso en tu vida.

Pero si eso es todo lo que haces, te estás subestimando.

Avanzar hacia el futuro

El primer paso para pasar del pasado al futuro es la aceptación. Deepak Chopra nos enseña: «Utilizo los recuerdos, pero no permitiré que los recuerdos me utilicen a mí». **¿Sabes lo que se hace a un lado cuando te aferras a tu pasado? Todo tu futuro.**

Hace más de 60 años, el presidente John F. Kennedy también comprendió la importancia de mirar al futuro cuando dijo: «La historia es un maestro implacable. No tiene presente, solo el pasado que se precipita hacia el futuro. Intentar aferrarte al pasado es ser dejado de lado en el futuro». Esas palabras siguen siendo válidas hoy en día.

Piensa en avanzar hacia tu futuro de esta manera. Tu cerebro, tus pensamientos y tus emociones son como un vaso que solo puede contener una cantidad de líquido. En este caso, ese líquido es tu pasado. Cuando llenas un vaso hasta el borde con tu pasado, es imposible llenarlo con nada más hasta que vacíes ese vaso, por mucho que lo intentes. Haciendo las paces con tu pasado es como vacías ese vaso y creas espacio para tus sueños y tu futuro.

Pero no pases demasiado tiempo tratando de hacer las paces con tu pasado. Cuando haces esto, utilizas un tiempo valioso que es mejor emplear para mirar hacia tu futuro. Visualiza que viertes tus pensamientos del pasado. Ve el vaso vacío. Luego, llénalo intencionadamente con ideas que surjan de tu imaginación.

Acepta tu futuro. Llena tu vaso con tu visión y tus posibilidades personales en lugar de ahogarte en pensamientos rancios que ya no te sirven. Haz lo que sea necesario para dejar de lado el pasado y poner la vista en el futuro.

Otro camino hacia la aceptación es reconocer que el total de todo lo que eres hoy es el resultado de tu pasado. Tu dolor, tus defectos y tus barreras se compensan con la fuerza, la sabiduría y el conocimiento que has adquirido a lo largo de los años. Aceptar el total de todo lo que ya eres te da las herramientas para utilizarlas como trampolín hacia tu futuro.

¿Todavía no está convencido?

No es tu futuro lo que temes. Es tu pasado el que te hace estar ansioso y tener miedo a soñar.

Poner a trabajar tu imaginación

Thomas Edison tenía una imaginación bestial. El mundo sería hoy un lugar muy diferente si Edison se hubiera quedado en el pasado en lugar de utilizar su imaginación para dar forma al futuro de la humanidad.

Una vez dijo: «Para inventar, se necesita una buena imaginación y un montón de basura». Al parecer, Edison estaba rodeado de basura ya que hizo más de 1.000 intentos antes de inventar la primera bombilla comercialmente viable.

Hay que tener en cuenta que ese fue solo uno de los inventos de Edison. Creó el fonógrafo, la cámara cinematográfica, el mimeógrafo, las pilas alcalinas e incluso el hormigón y el cemento. En total, a Edison se le atribuyen 1.093 patentes estadounidenses en su vida. En todo el mundo, se le atribuyen 2.232 patentes. Sí, son récords.

Edison también era un buen hombre de negocios. Hizo casi 200 millones de euros de fortuna en euros de hoy durante su vida. ¿Crees que llegó hasta ahí atado a los fracasos de sus experimentos pasados? De ninguna manera. A Edison también se le atribuye la frase: «No he fracasado. Solo he encontrado 10.000 formas que no funcionan». El mundo sería un lugar mucho más oscuro, literalmente, si hubiera fracasado.

Los sueños son el producto de tu imaginación. Imaginar es terapéutico. Es saludable. Por eso, una de las mejores maneras de ser bueno contigo mismo es poner a trabajar tu imaginación.

Mucha gente piensa que los sueños son pensamientos inconscientes que tu cerebro fabrica cuando estás dormido. Pero el tipo de sueños de los que hablo son los sueños lúcidos.

Tienes más control cuando estás despierto y, aunque es bueno dejar que el subconsciente elabore tus sueños y dirija tus energías cuando estás dormido, **creo que tus mejores sueños tienen lugar cuando estás completamente despierto.**

Lo que nos hace únicos a los humanos es que nuestra conciencia nos permite ir más allá de los confines del tiempo y el espacio actuales. Esta otra dimensión es nuestro estado de sueño, donde florece la imaginación. Esa dimensión es a la vez salvajemente emocionante y exasperantemente inexacta. Es un lugar donde te liberas de tus inhibiciones, preocupaciones y pensamientos del pasado. **Los terapeutas llevan mucho tiempo llamando a esto reconectar con tu niño interior.** Ahora sabes por qué.

Si eres un pensador lógico y ordenado, está bien que busques tu visión de futuro en lugar de obsesionarte con la etiqueta de «soñar» demasiado. Los sueños y las visiones son intercambiables.

Independientemente de la etiqueta que le pongas, **tu visión, tu imaginación y tus sueños te llenarán de energía. Y, si tienes suerte, también te sentirás incómodo. Estar incómodo es bueno.** Lo incómodo es un progreso necesario. La incomodidad significa que tu imaginación está trabajando para conectar pensamientos dispares y crear algo nuevo. Recuerda que el pasado es familiar. El futuro es desconocido.

La incomodidad es una de las emociones necesarias para avanzar. Así pues, **aférrate a esos sentimientos incómodos.** Son partes valiosas de tu futuro.

Darse permiso para soñar

Permitirse vivir en la imaginación y crear sueños es uno de los mayores regalos que puedes hacerte a ti mismo. Habrá obstáculos que superar. Te quedarás atascado en el pensamiento de autoedición.

¿Se reiría la gente de mí si lo hiciera? ¿Podría perder amigos o dañar mi reputación si me atrevo a hacer lo que estoy imaginando? ¿Debería conformarme y hacer lo que se espera de mí, aunque eso me haga infeliz?

Todas estas son preguntas de «miedo». Y como he señalado, todas ellas se basan en las cadenas de tu pasado.

Una forma de permitirte soñar es perdonar a los demás por los errores del pasado. Y lo que es más importante, **debes perdonarte a ti mismo.**

Al Dr. Wayne Dyer le gustaba decir: «Perdonar a los demás es esencial para el crecimiento espiritual». Ese crecimiento espiritual te libera de mucha ira y dolor inútiles. **El creci-** **miento espiritual está directamente relacionado con el sueño** **y la imaginación.** Es otra parte de esa otra dimensión tan vital para vivir tu vida más feliz. El crecimiento espiritual es también otra forma de vaciar el vaso para hacer sitio a nuevos sueños.

Soñar también requiere un poco de autoanálisis. Tienes patrones mentales y hábitos profundamente arraigados de los que no eres consciente, simplemente porque has cargado con ese peso muerto durante mucho tiempo:

«No puedo».

«No lo haré».

«Ese no soy yo».

«No soy lo suficientemente bueno».

«Estoy demasiado gordo».

«Soy demasiado viejo».

«Soy demasiado joven».

Ya te haces una idea. La lista de piedras mentales que bloquean tu camino es interminable. Lo único que hacen es ponerte triste, estresado, deprimido y lleno de ansiedad. Una vez que identifiques esos negativos, puedes reducirlos o eliminarlos mediante una mejor calidad de pensamiento intencional. Sustituye los negativos por sueños y visiones que sean concretos, específicos y repetitivos.

Tus sueños se alimentan mejor con nuevas ideas, pensamientos y reflexiones de fuentes improbables. Los sueños de calidad provienen de la alimentación de tu bomba mental con una amplia variedad de cosas que te interesan. **Tu cerebro, alimentado por tu imaginación, se pondrá a trabajar** para enlazar estos pensamientos aparentemente inconexos y crear ideas que pueden dejarte asombrado.

Tienes que entender que nuestra mente subconsciente no puede distinguir entre la realidad y un pensamiento imaginado. Por eso las cosas en las que nos centramos y en las que pensamos continuamente acaban manifestándose en nuestras vidas.

Al igual que el pensamiento imaginativo no es lineal, tampoco lo es la línea de tiempo en la que tu cerebro crea nuevos sueños para tu conciencia. ¿Alguna vez te has despertado en mitad de la noche con la respuesta a un problema que te ha estado atormentando durante semanas? ¿Te has encontrado con la solución a un problema polémico cuando estás en el partido de béisbol de tu hijo, mientras caminas por un centro comercial o mientras te duchas por la mañana?

Tu imaginación no diferencia entre la noche y el día. Ningún cerebro dice que va a dispensar ideas y soluciones durante una reunión de personal a las 11 de la mañana todas las mañanas. Llega cuando llega. Presta atención cuando lo haga. **Después, toma medidas para grabar o recordar tus pensamientos. Tu subconsciente ha trabajado duro en tu favor y sería una auténtica grosería dejar que esos pensamientos se escapasen.**

Soñar y hacer

El poder de una vez más consiste en pensar y hacer. Hasta ahora hemos hablado mucho de la parte de pensamiento de los sueños. Es igual de importante convertir tus sueños en acciones que te impulsen hacia tus objetivos.

En un partido de béisbol, no puedes estar en primera y segunda base simultáneamente. Del mismo modo, en la vida, no puedes vivir en dos lugares a la vez. Para robar la segunda base, hay que mover el pie primero. Guiado por tus sueños, despega primero y ponte en marcha hacia el siguiente destino de tu vida.

Puedes elegir quedarte estancado y vivir en tu pasado. O puedes elegir vivir tu mejor vida soñando y eligiendo vivir en tu futuro.

Cuando **actúes intencionalmente sobre tus sueños**, te sorprenderá cómo atraes naturalmente lo que necesitas. Empezarás a comprender que, junto con los malos hábitos, las personas que son malas para ti también se desvanecerán en tu pasado. A medida que esto ocurra, empezarás a darte cuenta de que **no siempre fue la relación lo que valoraste. Era cómo la relación te hacía sentir.**

Los nuevos sueños reconfiguran tu vida y, cuando haces espacio como un vaso vacío, llenarás tu vida con nuevas relaciones y aventuras. Junto con tu instinto, tu intuición y tu imaginación, tus sueños comenzarán a manifestarse de una manera que aligerará tu carga. Verás nuevas y emocionantes posibilidades a medida que avanzas hacia tu futuro.

Serás una persona mucho más feliz cuando tomes tus sueños de «una vez más» y los conviertas en tu nueva realidad.

8

Una pregunta más que hacernos a nosotros mismos

«La vida que no se cuestiona no merece la pena ser vivida».

—SÓCRATES

¿ALGUNA VEZ HAS PENSADO EN LO QUE PIENSAS?

Esa es una pregunta realmente poderosa que hago. Es una de las muchas preguntas que te voy a hacer en este capítulo y una pregunta que deberías hacerte a ti mismo.

La verdad es que la mayoría de la gente nunca lo hace. **La mayoría de la gente nunca toma el control de sus pensamientos porque no se hacen las preguntas adecuadas, por lo que tienen una creencia errónea de lo que debe ser su pensamiento.** Esto nos lleva a una pregunta igualmente fundamental.

¿Qué es pensar?

En pocas palabras, pensar es el proceso de hacerse y responder preguntas a uno mismo. Así es como funciona el pensamiento. Constantemente te haces y respondes preguntas en tu cabeza miles de veces al día.

Por lo tanto, si quieres cambiar la calidad de tus pensamientos, tienes que cambiar la calidad de las preguntas que te haces. La calidad de las preguntas que te haces es la que controla la calidad de los pensamientos que piensas. Te sorprendería saber lo afinado que está tu cerebro para encontrar las respuestas que buscas.

¿Te parece que eso tiene sentido?

Esto podría ser un cambio radical fundamental en tu vida si empiezas a hacer mejores preguntas. **Mejores preguntas conducen a mejores respuestas. Mejores respuestas conducen a una vida mejor.** La mayoría de la gente no hace esto. Pero los pensadores «una vez más» sí lo hacen. La mayoría de las personas se hace preguntas que les hacen más débiles, menos resistentes o menos ingeniosos. Toman el camino más fácil. En algunos casos, estas preguntas hacen daño al crear miedo, ira, desconfianza o falta de confianza.

A los miembros de las Fuerzas de Operaciones Especiales de la Marina de EE. UU. se les enseña a preguntarse: «¿Qué puedo controlar inmediatamente en esta situación?». Por el contrario, la mayoría de la gente se pregunta: «¿Qué podría salir mal? ¿Qué no puedo controlar en esta situación? ¿Qué debo temer y por qué debo preocuparme?» porque la mayoría de nosotros estamos programados para pensar de esa manera.

Si te haces ese tipo de preguntas, siempre te vas a encontrar bajo presión. Las respuestas a esas preguntas son las que tu cerebro va a encontrar por ti. El autoexamen es un proceso crítico para descubrir la sabiduría en tu vida. **Cuando te haces las preguntas adecuadas, llegas a la verdad sobre ti mismo.**

Por desgracia, mirar dentro de tu propia vida no siempre es divertido. Tu voz interior puede ser tu crítica más honesta, y la autorresponsabilidad significa que no hay lugar para esconderse. Pero para lograr el crecimiento personal, los pensadores «una vez más» deben aceptar este reto y aceptar las respuestas a las grandes preguntas de sus vidas.

Muchas veces, la gente descubre que solo hace falta una respuesta más para producir cambios drásticos. **Hacer las preguntas correctas es el primer paso para obtener las respuestas que necesitas para que eso ocurra. Obtener respuestas elimina los obstáculos que te ayudan a crear el cambio.** Es difícil arreglar los problemas en cualquier otra parte de tu mundo hasta que tengas tu propio hogar en orden.

Eugene Ionesco dijo: «No es la respuesta la que ilumina, sino la pregunta». Te das una lección de humildad cuando te desafías a ser mejor. Y la mejor manera de hacerlo es cuestionando los fundamentos de tus pensamientos y acciones del día a día. Las respuestas a estas grandes preguntas son tan únicas como tú. No hay respuestas correctas o incorrectas. No hay una solución única para todos. En muchos casos, es como pelar las capas de una cebolla, porque las preguntas que te hagas te llevarán a otras nuevas basadas en tu experiencia, tus recuerdos, tus sentimientos y tus relaciones.

Enfréntate a estas preguntas. Acepta las respuestas. Si eres sincero contigo mismo, romperás las barreras que te llevarán a una vida extraordinaria.

¿Y si pudieras encontrar una poderosa pregunta más para hacerte varias veces al día? Me resulta imposible adivinar qué preguntas y respuestas son importantes para ti. En su lugar, he elaborado la siguiente lista para iniciar tu proceso de autoexamen. Algunas preguntas te sonarán. Presta atención. Ese es tu «yo interior» tratando de decirte algo importante.

No te apresures con estas preguntas y las respuestas que descubras. Deja que las preguntas permanezcan ahí. Busca un lugar tranquilo y deja que tu mente trabaje para que las respuestas tengan valor para ti. Además, piensa en las respuestas que obtienes hoy frente a las que te gustaría tener en el futuro. Una vez que plantees estas respuestas futuras en tu cerebro, tu mente se pondrá a trabajar en tu favor para convertir estas respuestas en una nueva realidad para ti.

Recuerda que una respuesta puede generar grandes cambios. Y hacer preguntas «una vez más» es el primer paso hacia ese resultado deseado.

Preguntas «una vez más» que hacerse para llevar una vida extraordinaria

1. ¿Qué más puedo hacer para demostrar a mi pareja que la quiero?
2. ¿Qué más puedo hacer para mejorar mi relación con mis hijos?
3. ¿Hay algo más que pueda hacer para que mi familia se sienta más especial?
4. ¿Hay algo más que pueda hacer para mostrar mi agradecimiento a las personas con las que trabajo?
5. ¿Cómo puedo ajustar mi forma de pensar para poner menos excusas?
6. ¿Qué parte de esta situación puedo controlar ahora mismo?
7. ¿Cómo hacer que lo que está ocurriendo no sea a mí, sino para mí?
8. ¿Qué más puedo hacer hoy para calmarme?

9. ¿Hay algo más que pueda hacer para conseguir la paz a largo plazo?

10. ¿Qué más puedo hacer para preocuparme menos por lo que piensen los demás?

11. ¿Qué más puedo hacer para bajar mi nivel de ira?

12. ¿Hay algo más que pueda hacer para que la gente me vea menos diferente de lo que me veo a mí mismo?

13. ¿Qué más puedo hacer para preocuparme menos por el pasado?

14. ¿Qué más puedo hacer para preocuparme menos por el futuro?

15. ¿Qué más puedo hacer para entusiasmarme por el futuro?

16. ¿Qué más puedo hacer para practicar la gratitud?

17. ¿Qué más puedo hacer para procrastinar menos y proteger el valioso activo de mi tiempo?

18. ¿Qué más puedo hacer para ser menos espectador y más participante?

19. ¿Qué más puedo hacer para hacerme preguntas difíciles aunque sepa que no me van a gustar las respuestas?

20. ¿Cómo más puedo decirme a mí mismo que está bien fracasar y aprender de mis errores?

21. ¿Hay alguna forma más de ser un buen administrador con el dinero con el que he sido bendecido?

22. ¿Qué más puedo hacer para garantizar que mis valores sean coherentes con mis normas y objetivos?

23. En mi trabajo, ¿hay alguna forma más de convertirme en un líder eficaz?

24. ¿De qué otra forma puedo estar más sano?

25. ¿Cómo puedo hacer un cambio en mi dieta para perder peso?

26. ¿Qué otro ejercicio puedo hacer en el gimnasio para quemar grasa o ganar músculo?

27. ¿Qué otra cosa puedo soltar que me retiene y de la que estoy mejor sin ella?

28. ¿Cómo puedo concederme algo más de tiempo para dejar que mi mente divague y sueñe despierta?

29. ¿Qué otra cosa puedo eliminar que me impida hacer las cosas que podría hacer?

30. ¿Qué más puedo hacer para cambiar mi forma de pensar para que me queje menos?

31. ¿Hay algo más que pueda hacer para ayudar a alguien que sufre y que realmente me necesita?

32. ¿Qué es lo que más felicidad me ha proporcionado últimamente?

33. ¿Qué más puedo hacer para manejar mejor los conflictos?

34. ¿Qué más puedo hacer para lidiar mejor con las personas de mi vida que me drenan la energía?

35. ¿Hay algo más que pueda hacer para dedicar más tiempo a ser consciente e intencional?

36. ¿Qué debo hacer para dejar de ser rencoroso?

37. ¿Qué he aprendido en la vida que pueda transmitir como mentor a otros?

38. ¿Qué más puedo hacer para disfrutar más de mi trabajo?

39. ¿Tengo la curiosidad de hacer una pregunta más para buscar respuestas a cuestiones importantes en mi vida actual?

40. ¿Qué oración necesito rezar más o qué escritura necesito mantener más cerca en mi vida espiritual?

41. ¿Hay alguna forma más de agradecer y honrar a mi Dios por los regalos que he recibido hoy?

¿Cuáles son las respuestas?

Las respuestas a estas preguntas pueden incomodarte. No siempre. Pero en muchos casos, para crecer, **las mejores respuestas serán las más difíciles de abordar para ti.**

¿Has oído el dicho de que no hay preguntas tontas en la vida? No es cierto. Sí hay preguntas tontas. Son las que preguntas que no te desafían. Son las que te proporcionan verdades convenientes. Solo te engañas a ti mismo y pierdes el tiempo cuando te haces preguntas tontas a ti mismo y a los demás. Y, lo que es peor, en el fondo sabes cuando estás haciendo esto.

Si quieres ser mediocre o si eres feliz donde estás porque estás cómodo, tienes miedo o eres perezoso, y no quieres saber cómo mejorar tu vida, entonces no hagas las preguntas que te llevan a crecer. Nadie puede obligarte a hacer nada que no quieras hacer.

«El mayor regalo es no tener miedo a cuestionar», dijo una vez Ruby Dee. Si no estás lo suficientemente sano como para querer regalarte la verdad, entonces no llegues al final de tu vida con remordimientos.

Algunas preguntas no tendrán respuestas inmediatas. No asumas la derrota si no puedes aplicar la lógica y las soluciones cuando eso ocurra.

Es posible que la respuesta a una pregunta que te haces ahora no llegue hasta más tarde. O no llegue nunca. Date crédito por tener el valor de hacer la pregunta y buscar la respuesta. Recuerda que una pregunta suele llevar a otra, y a otra, y a otra.

La iluminación recorre muchos caminos diferentes. Aprende a vivir con las grandes preguntas sin respuesta en tu vida. Busca las respuestas a diario. Algunas te llegarán a la velocidad de la luz. Otras vendrán a ti con el tiempo.

En cualquier caso, vivir con las extraordinarias preguntas y respuestas de tu vida es uno de los rasgos más admirables de un pensador «una vez más».

9

Un objetivo más

«Que se acuerde de todas tus ofrendas,
| que le agraden tus sacrificios».

—SALMO 20:4

A LO LARGO DE NUESTRAS VIDAS HEMOS SIDO
INUNDADOS CON SISTEMAS, FILOSOFÍAS Y MÉTO-
DOS SOBRE CÓMO FIJAR OBJETIVOS para hacer nuestra
vida mejor. Está claro que no faltan recursos sobre el tema.

Sería ingenuo por mi parte pensar que no estás utilizando ya algún tipo de estrategia relacionada con tus metas. Por
eso, lo que quiero es mejorar la forma en que abordas tus
objetivos y el proceso de fijación de estos.

Este es un buen punto de partida.

**Creo que los objetivos son energía. Son una fuerza vital.
Los objetivos son un estado de ser.** Son más que una manifestación de las ideas, las esperanzas, los deseos y los sueños
que tienes dentro de ti. La búsqueda de tus metas, cuando se
ejecuta correctamente, **es la transferencia de energía a la acción,** creando una de las formas más puras de «una vez más»
en tu vida.

Sin embargo, con demasiada frecuencia los objetivos no se diseñan como una decisión consciente para mejorar tu vida. A menudo, se establecen como una reacción o una respuesta a algo que está sucediendo en tu vida. En lugar de jugar a la defensiva, la clave es **llenar tu mente de forma proactiva** con el tipo correcto de pensamientos sobre tus objetivos. Cuando lo haces, todo tu ser se vigoriza para lograr esas metas.

Esto se debe a que la mente siempre gravita hacia lo que le es familiar y atrae los recursos necesarios para impulsarte hacia adelante. **Lo que piensas te lleva a lo que necesitas.** Cuando accedes conscientemente a lo que necesitas, tu mente se pone a trabajar para hacer realidad tus objetivos.

La relación entre los estándares y los objetivos

En el capítulo 10 hablo de los estándares con más detalle, pero quiero asegurarme brevemente de que entiendes por qué los objetivos y los estándares están vinculados entre sí y cómo funcionan en conjunto para tu beneficio. Muchos confunden los dos, pero no son lo mismo.

Creas objetivos basados en resultados deseados que comienzan como pensamientos en tu mente. Por ejemplo, «Me gustaría ganar suficiente dinero para donar 10.000 euros a mi organización benéfica favorita» o «Quiero hacer un viaje por Europa este verano» son objetivos dignos. Pero sin un plan de ataque para alcanzar esos objetivos, tienen muchas menos posibilidades de hacerse realidad.

Lo primero que hay que hacer es **determinar lo que estás dispuesto a tolerar** para alcanzar tus objetivos.

Lo que estás dispuesto a tolerar se convierte en los estándares que debes aplicar. **Los estándares son las acciones vinculadas a los pensamientos que tienes relacionados con tus metas.**

Crear objetivos sin crear los estándares correspondientes es una pérdida de tiempo. Tus estándares deben ser incluso más intencionados que los objetivos que creas. Piensa en tus objetivos como las consecuencias y resultados de tus estándares. Por el contrario, cuando se establecen los estándares adecuados, se tienen muchas más posibilidades de alcanzarlos.

La otra cosa es que **no siempre puedes controlar el resultado de tus objetivos.** Fracasarás a la hora de conseguir algunos. Y eso tiene que pasar. Para que los objetivos tengan sentido, deben ser difíciles y desafiantes. Sin embargo, **sí puedes controlar tus estándares** porque son internos y dependen enteramente de ti y de cuánto estés dispuesto a invertir.

Una vez hecha esta distinción, ya tienes una idea de por qué son importantes las metas. Pero, en mi opinión, algunas de las ideas sobre los objetivos y cómo crearlos para que sean significativos y alcanzables en tu vida son totalmente erróneas.

Mantenlo sencillo y flexible

Hay miles y miles de personas por ahí que felizmente quieren darte un sistema de creación de objetivos. Pero hay un problema: un sistema no se ajusta a las necesidades de todos.

Esto se debe a que cada uno de nosotros procesa la información de forma diferente. Eres un producto único de tus experiencias pasadas, educación, pensamientos, dones, carencias y relaciones. Un sistema no se ajusta al proceso de creación de objetivos de todo el mundo.

Algunas personas piensan visualmente. Otras confían en la información auditiva como forma principal de procesar la información. Muchas personas prefieren un enfoque táctil, con la necesidad de tocar literalmente sus objetivos, que es un enfoque más cenestésico. Si alguna vez has ido a un concesionario a probar el coche de tus sueños, sabes a qué me refiero.

La mayoría de nosotros combinamos estos y otros enfoques en diversos grados de manera que reflejan cómo hemos sido condicionados para procesar la información. Por eso es imposible crear un sistema de fijación de objetivos que funcione eficazmente para 7.000 millones de personas en el planeta Tierra.

La otra razón por la que creo que muchos sistemas no funcionan es que suelen ser demasiado complicados. Los profesionales de élite, los directores generales y otras personas altamente motivadas y orientadas a los resultados no tienen el tiempo ni la inclinación para sumergirse en formas elaboradas de crear objetivos.

La forma correcta de enfocar la fijación de tus objetivos es mantener un plan de ataque sencillo. Te voy a dar una forma flexible de hacerlo para que tenga sentido para ti, seas quien seas. No es un sistema. Es un marco suelto que puedes adaptar para ejecutar las acciones de la manera más directa que funcione mejor para ti.

Crear objetivos en tu estado de plenitud

Solo puedes crear tus mejores objetivos cuando estás en tu estado de plenitud. Este estado se produce cuando tu mente y tu cuerpo están funcionando óptimamente juntos. Desglosándolo aún más, piensa en tus pensamientos como tu mente consciente y en tu cuerpo como tu mente subconsciente. Cuando tu mente consciente y tu subconsciente trabajan en congruencia, tienes una fuerza poderosa que multiplica y aumenta tu estado de plenitud.

Me refiero a nuestro cuerpo como nuestra mente subconsciente porque, con demasiada frecuencia, solo nos centramos en nuestros pensamientos cuando se trata de crear nuestros objetivos. Nuestros pensamientos son los que nos ponen en un estado consciente, dándonos lo que creemos que es el estado mental correcto para alcanzar nuestras metas. Sin embargo, no nos damos cuenta de que **para que nuestra mente funcione de forma óptima, nuestro cuerpo también debe funcionar de forma óptima.** Muchas personas no prestan atención a su cuerpo a la hora de fijarse objetivos y, de este modo, se convierte en mente subconsciente.

Cuando no ponemos nuestra mente subconsciente en un estado óptimo, no estamos utilizando todas las herramientas disponibles que tenemos. A menos que aprovechemos todas estas herramientas, no hay manera de que nuestros objetivos se ajusten a nuestras necesidades. Cuando estas herramientas están sincronizadas, **incluso cuando tu mente consciente no está trabajando activamente en tus objetivos, tu mente subconsciente seguirá empujando hacia adelante.**

Un punto fundamental que debes recordar: **tu mente siempre se mueve hacia aquello con lo que está más familiarizada.**

Cuando tanto tu mente consciente como tu subconsciente están comprometidas en tu favor, estás trabajando en tus objetivos *todo el tiempo*. Por eso este concepto es tan poderoso. También es la razón por la que adjuntar razones de peso a tus objetivos es fundamental para el éxito.

Las razones de peso impulsan tus objetivos

Las razones de peso te darán la energía y la resistencia para superar los momentos difíciles y así poder alcanzar tus objetivos. **Las razones de peso se traducen en objetivos que te apasionan.**

Los objetivos tienen que ver con el cambio. Por eso **tus objetivos deben suponer un reto para ti.** Si no son un reto, no te cambiarán. Lo único que haces es perder el tiempo. No basta con decir que te gustaría recaudar 10.000 € para tu organización benéfica favorita porque sería algo bonito. Haz que sea emocional. **Cuanto más emotivas sean tus razones de peso, más energía y resistencia les proporcionarás.** Y eso significa que es más probable que recaudes esos 10.000 €.

Por ejemplo, tienes que pensar que la recaudación de ese dinero dará a los niños un lugar donde ir después de la escuela, algo que tú nunca tuviste de niño. O poner a los investigadores un paso más cerca de curar la enfermedad de la que falleció tu madre. Tal vez ese dinero pueda marcar la diferencia pagando suministros muy necesarios en un refugio para mujeres maltratadas.

Cuando era más joven, tuve algunos problemas de corazón. Empecé a pensar en todas las cosas que me perdería si falleciera antes de tiempo. Pero la imagen que me hizo hacer cambios en mi vida fue la visión que tuve de no poder llevar a mi hija Bella al altar el día de su boda. No puedo ni empezar a expresar el impacto emocional que tuvo en mí. Armado con esa razón de peso, empecé a ir al gimnasio, a comer mejor, a reducir mi estrés y a adoptar un estilo de vida más saludable en general.

No se trata simplemente de ser más disciplinado o más motivado. Tiene que haber un componente emocional vinculado a tu objetivo. Esa es la motivación que impide que los objetivos se conviertan en cargas letales.

Cuando crees tus objetivos, decide las razones de «quién, qué y por qué» de lo que vas a hacer. Si no estás entusiasmado, entonces te será difícil luchar contra las distracciones que intentarán apartarte de tu objetivo. Haz de tu razón de peso tu armadura para rechazar este tipo de ataques.

Muchos sistemas de fijación de objetivos también te animan a crear categorías de objetivos. **No lo hagas.** Tienes una sola vida. No hay necesidad de complicarla categorizándola como objetivos financieros, espirituales, de *fitness* o familiares. **Mantenlo sencillo.** ¿Por qué complicar los objetivos que están diseñados para hacer tu vida más fácil y mejor? Cuando crees una sola lista, lo único que debes tener en cuenta es si estás creando un **objetivo de impulso que crea una inercia** o un **objetivo que cambie tu vida.**

Los objetivos de impulso son más fáciles de alcanzar. Como su nombre indica, dan impulso a tu vida. Son **a corto plazo y tienen una recompensa más inmediata.** Obtienes una recompensa sobre la que puedes construir. Encadenar un número suficiente de estos objetivos es muy parecido a coger velocidad cuesta abajo. La única precaución es asegurarse de que este tipo de objetivos sigan siendo significativos y desafiantes.

Los objetivos que cambian la vida son más difíciles de alcanzar. Se eleva el listón con la idea de que **producirán una mayor recompensa y darán lugar a un mayor crecimiento en ti.** Tardan más tiempo —a veces años— en cumplirse.

Ambas cosas pueden ir unidas. Utilicemos como ejemplo un objetivo muy común: adelgazar. Empieza con tu razón de peso, que es no morir prematuramente por estar gordo. Un objetivo de impulso es perder 1 kilo a la semana, o 3 o 4 kilos al mes. Si estableces tus estándares de la manera correcta comiendo los alimentos adecuados y haciendo ejercicio regularmente, este es un objetivo a corto plazo que es muy factible.

Si tienes un gran sobrepeso, puedes fijarte el objetivo de perder 45 kilos o más. La única manera de lograrlo es alcanzando todos tus objetivos más cortos y de impulso. No puedes perder 45 kilos si primero no pierdes 1 kilo. ¿Verdad?

Goethe entendió esta relación cuando dijo: «No basta con dar pasos que puedan llevar algún día a una meta; cada paso debe ser en sí mismo una meta y un paso igualmente».

Por último, **cuando diseñas un objetivo, creas un espacio en tu cerebro que antes no existía.** Ese espacio debe ser alimentado. Tienes que averiguar qué recursos vas a necesitar para alcanzar ese objetivo. ¿Hay algún libro que debas leer? ¿Una persona con la que necesitas conectar? Quizá haya un lugar que debas visitar o una actividad que debas realizar. Llena ese espacio con las herramientas adecuadas para lograr tu objetivo, o corres el riesgo de que tu objetivo fracase.

No obstante, puedes tener todas las razones de peso y los recursos necesarios, pero si no crees que te mereces el objetivo que te has marcado, tendrás dificultades para lograrlo.

Objetivos y autoestima

Si no crees que eres digno de un resultado concreto, te estás autosaboteando y nunca producirás un resultado mayor del que crees que eres digno. Piensa que es como tirar de ambos lados de la cuerda en un tira y afloja. Aunque ganes, pierdes.

Debes incorporar dos cosas a tu manera de pensar cuando crees tus objetivos:

1. Formas de aumentar tu fe en ti mismo.
2. Formas de aumentar tu identidad cuando te miras al espejo.

Ambas cosas son parte de tu autoestima. A menos que tengas confianza en quién eres y en lo que mereces, te limitarás en las metas que crees que mereces.

Debes ser consciente y lo suficientemente inteligente como para no minar tus esfuerzos. **Si lo crees, también lo lograrás.** Tu consciente y tu subconsciente pueden ser grandes aliados. Pero si no trabajan juntos, pueden ser las minas mentales que te exploten en la cara.

Utiliza energía positiva para crear tus mejores objetivos

Muchas personas viven cada día con caos, angustia, ansiedad y sufrimiento. Bajo esta carga, reaccionan y responden a estos estados mentales para escapar. Cuando creas objetivos bajo estas circunstancias, estás reaccionando a tus condiciones en lugar de tomar las riendas y diseñar la vida que quieres.

Cuando respondes y reaccionas, te alejas de algo para evitarlo en lugar de avanzar hacia algo mejor porque lo quieres. **Tienes que establecer objetivos solo cuando operas desde tu imaginación y tus sueños en lugar de desde tu pasado y tus miedos.**

La siguiente pregunta obvia es: «¿Cómo puedo hacerlo?».

Para diseñar tus objetivos tienes que bloquear los factores e influencias externas. Con tantas cosas en la cabeza cada día, esto es un reto. Una forma de preparar tu mente es hacerte esta pregunta: «¿Mejoraría significativamente la calidad de mis objetivos y los resultados si creara esos objetivos operando bajo un estado de confianza, fuerza y felicidad u operando desde una mentalidad de miedo, fracaso y depresión?».

Mejores objetivos crean mejores resultados. Y los mejores objetivos se crean cuando te desprendes de lo negativo en tu vida mientras decides lo que quieres lograr. Una vez más, no hay ninguna fórmula sofisticada. Quiero que lo mantengas simple. Recuerda crear objetivos en tu estado de plenitud.

Para encontrar tu estado de plenitud, pon tu cuerpo en movimiento físicamente. Sal a caminar o a correr. Ve al gimnasio. Monta en bicicleta. Nada o haz saltos de tijera. Al hacer esto, estás creando la energía de la que he hablado al principio de este capítulo. Esa energía genera endorfinas que se liberan cuando pones tu cuerpo en movimiento. Las endorfinas liberan tu estado de plenitud, **y tu estado de plenitud se conecta con tu mejor estado creativo.**

En tu mejor estado creativo eres capaz de ver las cosas de forma diferente. Imaginas posibilidades y la adrenalina impulsa la confianza que necesitas para desarrollar tus mejores objetivos. Cuando generas esta energía, se transfiere a tus objetivos.

Ya te he dicho que los objetivos son una forma de energía. Ahora ya sabes qué es lo que alimenta esa energía.

Una vez que hayas creado tus mejores objetivos, una de las claves para hacerlos realidad es repetirlos a menudo. **Cuando repites tus objetivos, llenas tu mente con los pensamientos que tu mente necesita para ayudarte a lograrlos.** Para tener la máxima eficacia, repite tus objetivos para ti mismo también cuando estés en un estado de plenitud. Para crear congruencia entre tu mente y tu cuerpo —tu estado consciente y tu estado subconsciente— debes repetir tus objetivos en el mismo estado en el que los creaste. Si no lo haces, existe la posibilidad de que tu mente los rechace. Tu cerebro y tu cuerpo deben estar sincronizados.

Utiliza diversas herramientas que te ayuden a repetir tus objetivos en tu estado de plenitud. Utiliza tu móvil, fotos, notas, citas diarias o cualquier herramienta que consideres adecuada para reforzar la repetición.

Además, la mejor manera de crear tus objetivos es hacerlo en varios plazos. Mucha gente espera hasta el 1 de enero de cada año para hacer esto. No te haces una idea de lo perezoso e ineficiente que es eso. Por el contrario, **los trabajadores de élite crean y revisan sus objetivos varias veces al día.**

Para diseñar tus objetivos en lugar de responder a las circunstancias de tu vida, **crea objetivos cada hora, cada día, cada semana, cada mes, cada año e incluso a tres y cinco años.** El mejor conjunto de objetivos tiene plazos híbridos. Eso significa que trabajas en objetivos con un sentido de urgencia (objetivos de impulso) y objetivos a largo plazo (objetivos de estiramiento, que cambian la vida) todo el tiempo.

Estos plazos combinados, colocados justo delante de ti, facilitan la adquisición del hábito de repetir tus objetivos con regularidad. Así es como anclas tus objetivos en tu mente consciente. Cuando anclas los objetivos en tu mente consciente, tu mente subconsciente entra automáticamente en acción y tu cerebro se pone a trabajar en tu favor.

Cómo creo yo los objetivos

La forma de crear objetivos va a ser única para ti. Sin embargo, quería compartir contigo cómo creo yo los objetivos para que puedas tener una mejor idea de cómo todas las reflexiones y estrategias anteriores se integran en un ejemplo práctico.

Nunca me atrevería a decirte exactamente cómo debes crear tus objetivos. Debes encontrar la forma que mejor te funcione. **Tu proceso será diferente al de los demás, y esa es la mejor manera de asegurarte de que creas objetivos que te funcionan.**

En mi caso, todos los años me planteo una estrategia de una sola palabra que sirve de tema general para mis objetivos. Esto refleja cuáles son mis prioridades y en qué punto de mi vida me encuentro. Algunas de las palabras que he utilizado en el pasado son implacable, fe, resistencia, amor, cuidado y gratitud. Una vez que me decido por esa palabra, me meto en esa persona. Mis objetivos siguen siendo únicos, pero esta palabra impulsa silenciosamente mi proceso en el fondo. Repito esa palabra durante todo el año.

Con esta palabra en mente, y después de ponerme en un estado mental óptimo, **empiezo a fijar mis objetivos con una inundación mental.** Es exactamente lo que parece. Primero, apago la parte de mi cerebro que piensa que no puedo hacer algo. Luego, me veo como un niño en Nochebuena y hago una lista de todos los regalos que quiero recibir. Hago esto durante cuatro minutos. Sin editar. No me retraigo. Escribo todo lo que se me ocurre. Me doy permiso para vaciar mi cerebro de todos mis deseos, grandes y pequeños.

Mientras hago esto, me levanto y me muevo. Me aseguro de que mi sangre fluya. Permanezco en mi estado de plenitud y creo un fuerte flujo de energía interna. Una vez tengo una lista maestra única, hago varias cosas para fijar este conjunto de objetivos.

Después de confirmar que tengo una razón de peso, **profundizo para asegurarme de que los objetivos que tengo son específicos. Las generalidades no funcionan.** Mi cerebro, y el tuyo, no puede trabajar eficazmente procesando ideas genéricas. **El cerebro funciona mejor cuando se carga de antemano con piezas de información detalladas y precisas.**

No diría: «Quiero ponerme en forma y perder peso para sentirme mejor». Esas son palabras y deseos vacíos. En cambio, si mi objetivo es perder peso, me concentro en la talla exacta de cintura que quiero, en exactamente cuántos kilos quiero perder, en cuáles quiero que sean mis valores de colesterol y presión arterial, etc.

Ser impreciso es un obstáculo para tu mente. **Ser específico significa ser responsable.** No hay margen de maniobra. En los negocios, no basta con decir que quiero ganar más dinero. Tengo que llegar a una cantidad exacta. Por eso decidí que quería conseguir 1 millón de dólares antes de cumplir los 30. **Parte de la especificidad de los objetivos debe incluir una fecha o un plazo.** De lo contrario, es poco más que un deseo abierto.

A continuación, decido quién quiero que me ayude a rendir cuentas de este objetivo. Puede ser mi esposa, mi socio comercial o mi pastor. Pero **para que mi objetivo funcione,** tengo que compartirlo. Hay un poder innegable en decírselo a alguien. **La disciplina y la responsabilidad conducen a la ascensión y al dominio.**

Con estas cosas en su sitio, empiezo a trabajar en mis objetivos. Parte de esto implica leer y visualizar mis objetivos con frecuencia. A veces, esto puede ser varias veces al día. **He descubierto que la forma más eficaz de repetición es repetir mis objetivos en voz alta.** El impacto es mayor cuando se utilizan los sentidos auditivos.

Visualizarlos también es fundamental. La forma de visualizarlo depende de ti. Algunas personas utilizan tableros de sueños y fotos. Otros escriben listas en los espejos, en el baño o en el coche. Personalmente, me gusta visualizarlos en mi mente. Así es como pienso. Y es lo que mejor me funciona. Experimenta con lo que mejor te funcione a ti.

La otra parte de la repetición es que digo cosas que realmente quiero. Algunos sistemas de fijación de objetivos te exigen que actúes como si ya hubieras logrado un objetivo concreto. Si haces esto, solo te estarás mintiendo a ti mismo. Desequilibrarás tu mente. No digas: «Tengo un millón de euros», cuando aún no lo has conseguido.

He descubierto que la repetición es difícil para mucha gente. Personalmente, la forma en que lo hago es incluir mis objetivos en mis oraciones, y rezo todos los días. Otros meditan a diario, y esta también es otra gran forma de visualizar los objetivos. **La repetición también es más fácil cuando se hace a la misma hora todos los días.** A mí me gusta repetir mis objetivos por la mañana, cuando me despierto, y por la noche, justo antes de acostarme.

La repetición también activa el sistema de activación reticular, o SAR. El SAR es el músculo mental que filtra las cosas que son importantes para ti y elimina las que no lo son. Puedes leer más sobre el SAR en el capítulo 2.

Finalmente, una última cosa que incluyo al establecer los objetivos es que **creo una expectativa de que voy a alcanzar ese objetivo.** ¿Te has dado cuenta de que los objetivos que esperas que se cumplan son los que pareces alcanzar una y otra vez? La expectativa crea un marco positivo que hace surgir las herramientas y los recursos necesarios para tener éxito. Cuando tu cerebro espera que tengas éxito, se pone a trabajar poniendo las soluciones mucho más al alcance de la mano para que puedas aprovecharlas al máximo en todo momento.

Como pensador «una vez más», necesitas objetivos en tu vida. Cuando los elabores de forma correcta, te supondrán un reto, te darán energía y te aportarán pasión y enfoque a todo lo que hagas.

10

Un estándar más alto

«De todos los juicios que hacemos a lo largo
de la vida, ninguno es más importante que la opinión
que tenemos de nosotros mismos según nuestras
propias normas internas».

—Denis Waitley

TENGO UNA REVELACIÓN ALUCINANTE PARA TI.
Hay una gran probabilidad de que no alcances tus objetivos.

Pero aquí tienes una gran noticia. Está absolutamente
garantizado que obtendrás tus estándares. Sí, esa es la
verdad.

Afortunadamente, los objetivos y los estándares son
dos caras de la misma moneda. Están inextricablemente
unidas. Eso significa que **si quieres tener la mejor oportunidad posible para alcanzar tus objetivos, tienes que ajustar
tus estándares, y alcanzar tus objetivos se convertirá en
algo casi automático.** He aquí cómo.

La diferencia entre objetivos y estándares

Muchas personas con las que me encuentro mezclan los objetivos y los estándares, a menudo confundiéndolos como si fueran la misma cosa. No lo son. Antes de poder alcanzar tus objetivos, debes entender el papel que desempeñan los estándares y por qué son tan importantes.

Esta es la diferencia clave. Los objetivos comienzan como pensamientos. Son resultados deseables que echan raíces en tu mente. Tu cerebro confirma estas metas o pasan como pensamientos fugaces. **Cuando decides que quieres alcanzar tus objetivos, creas estándares como medio para actuar sobre esos pensamientos.** Piensa en los estándares como los puntos de referencia de rendimiento que estás dispuesto a tolerar. Los estándares son las acciones que te impulsan hacia tus objetivos. **Los objetivos se convierten en consecuencias de la forma en que abordas tus estándares.** Los objetivos sin estándares están vacíos. Los objetivos sin estándares son inútiles.

El mundo te dice constantemente que revises y actualices tus objetivos, cosa que deberías hacer. Pero el secreto es revisar y actualizar constantemente tus estándares. Tienes que evaluar lo que estás dispuesto a tolerar y a no tolerar.

¿Qué estás dispuesto a tolerar?

Cuando te fijas un objetivo, debes decidir si puedes tolerar los estándares que son esenciales para alcanzarlo. La tolerancia no se aplica solo a las cosas que tienes que hacer para mover tu vida hacia adelante. Tu nivel de tolerancia puede aplicarse a muchas áreas diferentes, como tus relaciones actuales, el liderazgo y los negocios.

En este momento, ¿puedes tolerar los resultados empresariales que estás obteniendo actualmente? ¿Puedes tolerar vivir con el dinero que ganas actualmente? ¿Puedes tolerar la cantidad de felicidad o pasión que experimentas actualmente? Si puedes, vas a seguir obteniéndolos. Solo cuando decidas que ya no puedes tolerar el trato que estás recibiendo en una relación, o los resultados empresariales que estás obteniendo, podrás cambiarlos. Solo cuando decidas que ya no puedes tolerar la cantidad de dinero que estás ganando, empezarás a avanzar hacia tu objetivo de ganar más dinero. **Si estás dispuesto a tolerar algo, eso es probablemente lo que vas a conseguir.**

Si no cambias tus estándares, tus objetivos son irrelevantes.

Muchas personas fracasan o se sienten desgraciadas porque establecen estándares demasiado bajos para el trato que quieren recibir. **Si no estableces cuáles son tus principios y los defines claramente, otras personas actuarán para socavarlos simplemente porque no tienen claro qué es aceptable para ti y qué no.**

A veces, este empuje hacia abajo puede provenir involuntariamente de personas bien intencionadas en tu vida que pueden no ser conscientes de que te están haciendo esto. Por ejemplo, si no existen altos estándares y límites entre dos personas, la relación será problemática y a menudo fracasará.

Los estándares de tu relación deben estar claramente definidos y acordados por ambas partes. Además, **nunca toleres un trato inferior al que te mereces.** Establece estándares en tu relación con tu cónyuge, tu novio o novia, tus relaciones de negocios o cualquier otra persona en tu vida. **Haz que esos estándares sean coherentes con tu autoestima.**

En los negocios, una organización sin altos estándares es una organización que está fuera de control. Es una organización que no rinde al máximo de su capacidad. Con lo competitivos que son los negocios, esa es una fórmula para el fracaso. En tu empresa, ¿puede cada empleado decirte cuáles son los objetivos de la organización y cuáles son los estándares para alcanzar esos objetivos empresariales? Y lo que es igual de importante, ¿pueden cumplirlos? **Las grandes empresas y los equipos deportivos dinásticos siempre establecen los estándares más altos.**

Dónde encontrar tus estándares

Ya tienes estándares que definen tu vida. Entender de dónde vienen esos estándares es uno de los pasos para subir de nivel y crear estándares más altos que te lleven al cambio. Tus estándares reflejan las personas con las que trabajas, tus padres, amigos, miembros de la familia, tu iglesia, las redes sociales, los medios de comunicación y los libros que lees.

También tienes otras influencias tribales. Si eres deportista, idolatras a estrellas como Simone Biles, Mia Hamm, LeBron James, Mike Trout o Patrick Mahomes. Los tecnos se identifican con Steve Jobs, Mark Zuckerberg y Jeff Bezos. Los intelectuales se emocionan con grandes líderes religiosos y de pensamiento como el Dr. Martin Luther King, Jr., Mahatma Gandhi, Ayn Rand, Rick Warren o Brené Brown.

Y nunca se puede subestimar el poder de la música a través de artistas como Michael Jackson, Beyoncé, Adele, Taylor Swift, John Mayer, Post Malone o Ed Sheeran.

Puede que incluso te hayan influido conversaciones casuales que hayas tenido con desconocidos.

Por naturaleza, somos criaturas sociales. Necesitamos información. Buscamos la validación en nuestras relaciones. A la mayoría de nosotros nos gusta pertenecer a diversos grupos de personas con ideas afines. Nos gusta intercambiar ideas y aprender cosas nuevas que hacen crecer y dan forma a nuestras percepciones. Estas percepciones influyen en nuestras creencias sobre nuestro mundo, nuestra comunidad, nuestra familia y, lo que es más importante, nuestro propio ser. No se puede desactivar este tipo de interacciones. Te marchitarías y morirías. Pero puedes **ser más consciente de cómo estas interacciones dan forma a lo que piensas y cómo eso te define como persona.** Esfuérzate en entender cómo te impactan desde una perspectiva de comportamiento, moral, ética y divina.

Piensa en tu cerebro como una batidora

Una vez que te expones a diferentes ideas, tu cerebro toma toda esa información, estés o no de acuerdo con ella, y mezcla esos pensamientos para crear algo nuevo. Puede que rechaces completamente las nuevas nociones en la superficie, pero subconscientemente tu cerebro procesa las cosas con el tiempo. Y puede que cambies tu forma de pensar, quizás de manera que te lleve a unos estándares más altos e ilustrados.

La información que recibes a diario es inevitable. **Para activar los cambios destinados a ti, debe haber una decisión consciente de tomar solo lo que crees que es valioso y aplicarlo de manera reflexiva para crear tus estándares únicos.**

Si eres perezoso y sigues los estándares de la gente, los lugares, los grupos y los medios de comunicación con los que te relacionas, conseguirás lo mismo que los demás. Ese no es el camino hacia tu mejor vida.

Tener estándares más altos

¿Estás contento con la cantidad de dinero que ganas actualmente? Tal vez te hayas quedado atascado en un trabajo que te ha pagado 72.000 euros al año durante los últimos tres años. Te dices a ti mismo: «Quiero ganar 95.000 euros el año que viene». Ese es tu objetivo.

La pregunta ahora es: «¿Cómo voy a conseguirlo?». Y ahí es donde entran en juego los estándares. Estos son el conjunto específico de acciones que debes llevar a cabo para alcanzar tu objetivo.

En este caso, puede que tengas que aumentar el número de llamadas que haces a los clientes o tomar clases de negocios que aumenten tu valor, convirtiéndote en un candidato más atractivo para un ascenso. Puede que tengas que ir a trabajar más temprano, quedarte más tiempo, trabajar algo los sábados o encontrar un nuevo trabajo que te pague lo que crees que vales.

Los estándares son más valiosos cuando son precisos.

Haz 20 llamadas más a la semana a clientes. Toma clases que te lleven a obtener tu maestría en 18 meses. Comprométete a trabajar seis horas todos los sábados y a quedarte dos horas más tarde tres días a la semana. Estas acciones se convierten en tus estándares para alcanzar tu objetivo.

Por desgracia, muchas personas no van más allá de soñar con sus objetivos. Incluso si existe un fuerte deseo de alcanzar una meta que se han fijado, no quieren pagar el precio de alcanzar esa meta. **En todas las facetas de tu vida, cuando se trata de objetivos y estándares, estos deben estar alineados para encontrar la armonía. Esa armonía generará el éxito.**

Los objetivos sin estándares no son más que un montón de pensamientos y palabras sin rumbo. No son más que deseos desatados que nunca se materializan a menos que los combines con los estándares adecuados. Si has creado objetivos y te has quedado corto, es porque tus estándares no son congruentes con tus objetivos.

Hay algo más que es realmente liberador: **cuando estableces los estándares adecuados que se ajustan a tus objetivos, tu vida se vuelve mucho menos estresante.** Tus objetivos, aunque siguen siendo importantes, pasan a ser secundarios. Esto puede sonar un poco contradictorio, pero es la verdad.

Por ejemplo, si quieres construir un equipo de campeonato, ¿cuáles son los estándares de preparación que estás dispuesto a tolerar? ¿Cuáles son los niveles de ejecución que estás dispuesto a tolerar?

El entrenador Nick Saban es el mejor entrenador de fútbol americano universitario de todos los tiempos. Sus equipos han ganado más del 80 % de los más de 300 partidos en los que ha sido entrenador. Durante la temporada 2020, ganó su séptimo campeonato nacional, a pesar de haber contraído Covid-19 a mitad de temporada. Y lo que es más impresionante, su equipo Crimson Tide logró una temporada invicta de 13-0 en el camino.

El entrenador Saban establece un tipo de estándar diferente al de la mayoría de los otros entrenadores. Esos entrenadores crean el estándar de: «Practicaremos esto hasta que lo hagamos bien». El entrenador Saban establece el estándar de: «Practicaremos esto hasta que no lo podamos hacer mal».

Es una forma de pensar y un estándar de un nivel superior. También es un estándar de campeonato. La diferencia es muy sutil, pero separa a los mejores de todos los tiempos del resto del mundo.

Nueve maneras de establecer un estándar más alto

Establecer estándares más altos claros y definidos es algo personal y único para ti. Pero hay algunos principios universales que puedes aplicar que te garantizarán la creación de estándares de calidad más altos, sean cuales sean tus objetivos.

He aquí algunas cosas que hay que tener en cuenta:

1. **Entiende tu «porqué».** A menos que tengas clara tu motivación, no desarrollarás estándares óptimos para tu objetivo. Es muy diferente decir: «Quiero perder 22 kilos porque puede ser una buena idea», en lugar de «Quiero perder 22 kilos porque me duele la espalda, mi médico dice que tengo la tensión alta, estoy al borde de la diabetes y puede que no viva para ver a mis nietos». Cuanto más sólidas y específicas sean tus

razones para hacer algo, más probable será que sigas tus estándares al pie de la letra.

2. **Desglosa tus estándares más altos en pasos detallados y alcanzables.** No digas: «Voy a levantarme y a correr un rato, y luego a levantar pesas». Sé intencionado, meticuloso y específico.

Dite a ti mismo: «Voy a correr doce kilómetros tres días a la semana, trabajaré con un entrenador para crear una rutina óptima de entrenamiento de fuerza que haré cinco días a la semana y cambiaré mi dieta a un menú basado en proteínas magras y vegetales».

3. **Sé sincero contigo mismo.** Si haces el régimen de entrenamiento anterior, tienes 55 años de edad y pesas 160 kilos, no solo te estás preparando para el fracaso, sino que te estás preparando para un viaje en ambulancia.

No dejes que tu ego dirija tu mente cuando se trata de establecer objetivos y estándares realistas. Empieza por un punto que tenga sentido para ti. Siempre puedes mejorar tus objetivos y estándares cuando empieces a progresar. Sé comedido y transparente contigo mismo a la hora de desarrollar tus estándares.

4. **Pide ayuda en las áreas en las que eres débil.** Busca un compañero de entrenamiento. Contrata a un mentor empresarial experimentado. Escucha cintas y *podcasts* de motivación. Rodéate de personas con ideas afines que estén en el mismo camino. Haz lo que sea necesario para fortalecer tus iniciativas.

Habrá días y periodos en los que flaquearás. Querrás rendirte. Eso es normal. Puede que te preguntes si tu objetivo merece la pena. Puede que te digas a ti mismo que tu nivel de exigencia es demasiado alto. Bienvenido a la condición humana.

Aquí es donde entra en juego la disciplina mental. Revisa tu motivación original. Comprende qué influencias te están frenando y elimínalas si es posible.

Los amigos, la familia y los socios comerciales bien intencionados pueden ser tus mayores enemigos porque también son tus mayores aliados. Te guste o no, te importa lo que piensan, tanto lo bueno como lo malo. Forman parte de tu círculo íntimo e influirán constantemente en tus pensamientos y tus acciones. De ti depende filtrar los mensajes que son positivos y significativos para ti. No te dejes llevar por un resultado menor simplemente por la familiaridad.

Se supone que los objetivos dignos y los estándares correspondientes no son fáciles de alcanzar. Si tu fuerza de voluntad flaquea, incrementa tus esfuerzos y date crédito por ser lo suficientemente inteligente como para reconocer que tendrás que trabajar más duro como parte de tu proceso.

5. **Utiliza la tecnología para establecer y mantener tus nuevos estándares.** No hace mucho tiempo, los gurús de la superación personal predicaban que había que escribir los objetivos, mirarse en el espejo del baño y repetirlos cada día. Hemos avanzado mucho desde entonces. Para optimizar la posibilidad de tener éxito, aprovecha la tecnología para ayudarte a establecer y mantener tus estándares.

Utiliza tu teléfono móvil u ordenador para crear un vídeo con tus objetivos y estándares. Habla contigo mismo. Hazlo cuando te encuentres en un estado de concentración y alta energía. De este modo, cuando lo reproduzcas, te verás siempre en un estado de plenitud.

A diferencia de lo que ocurre cuando solo escribes tus objetivos y estándares, recibirás el impulso adicional de la estimulación auditiva y visual que se envía a tu cerebro. La plasticidad sináptica de tu cerebro mejorará. Cuando esto ocurre, tu cerebro es más capaz de flexionar y adaptarse, creando mejores vías de aprendizaje.

Estás viendo a la persona que quieres ser. Piensa en ello como un Tú 2.0.

6. **Piensa con dedicación en la relación entre tu objetivo y tu estándar.** Venus y Serena Williams no aprendieron a jugar al tenis a nivel mundial saliendo después del colegio un par de veces a la semana y jugando un partido amistoso aquí y allá. Ambas mujeres se convirtieron en tenistas de alto nivel porque dedicaron miles de horas a perfeccionar sus habilidades, trabajando en cada pequeña parte de su juego para acabar convirtiéndose en leyendas del deporte. Crearon estándares acordes con su objetivo de ser las mejores tenistas del mundo.

Si tu nivel de exigencia no se ajusta a lo que se necesita para alcanzar tu objetivo, no estarás bien motivado. Si estableces tus estándares por debajo de tus capacidades, no te sentirás desafiado y perderás el interés.

Los estándares bajos producen resultados bajos. Entonces, ¿por qué molestarse?

7. **Olvídate de la perfección.** Eso es absolutamente agotador. La perfección es el estándar más bajo que existe. Y, siendo realistas, la perfección no existe. Si quieres frustrarte y rendirte, asume que debes ser perfecto. Incluso las hermanas Williams han perdido muchos partidos por el camino.

   La perfección también es aburrida. Son nuestros defectos los que nos hacen interesantes. Humanos. Y cercanos. Todo el mundo tiene defectos. Y los que creen que no tienen ninguno son los que tienen los mayores defectos de todos.

8. **No lo pienses demasiado.** Sé diligente y minucioso. Pero, por el amor de Dios, cree en ti mismo y mueve el culo. He visto a miles de personas convertirse en su peor enemigo por pensar demasiado. He visto a muchas personas tener grandes ideas para negocios increíbles, solo para juguetear, chapotear, centrarse en las minucias y desvanecerse antes de llegar a la línea de salida.

   Pensar es bueno. Pensar demasiado es malo.

9. **Establece estándares para complacerte a ti mismo.** Ya he hablado de esto, pero no está de más repetirlo porque estamos predispuestos a complacer a los demás. Sé egoísta cuando se trata de desarrollar tus estándares. Este es tu viaje. No pertenece a nadie más. Es personal. Mantenlo así, o solo vas a perder el tiempo, terminar con un gran lío que no te crees, y terminar en peor forma que cuando comenzaste.

   Me encanta la opinión de Rick Pitino sobre esto: «Establece un nivel de exigencia más alto para tu propio rendimiento que el de cualquiera de los que te rodean, y no importará si tienes un jefe duro o uno fácil. No importará si la competencia te está presionando mucho porque estarás compitiendo contigo mismo».

Elevar tu nivel de exigencia es un proceso continuo

Nadie sabe mejor que tú cuáles deben ser tus estándares. Dicho esto, el desarrollo de estos no siempre es una propuesta fácil. Si estás tratando de abrirte camino y hacer algo nuevo, es posible que no tengas todas las herramientas o conocimientos necesarios para evaluar con exactitud qué estándares tendrás que desarrollar para alcanzar tus objetivos.

La buena noticia es que no están grabados en piedra. Las personas suelen crear estándares que creen que están en línea con lo que necesitan para alcanzar sus objetivos. Sin embargo, a medida que adquieren experiencia y entran en juego otras variables, estas dinámicas pueden crear la necesidad de marcar un estándar más alto.

Tus estándares deben ser adecuadamente desafiantes. Crecerás y cambiarás a lo largo del camino. **Por lo tanto, debes revisar tus objetivos y tus niveles de exigencia con regularidad. Cuando domines un estándar y cumplas tu objetivo, auméntalo.**

Si has sido diligente en tus esfuerzos y algo empieza a parecerte «fácil», lo sabrás. Tal vez sea el momento de establecer un objetivo diferente con un nivel de exigencia distinto una vez que hayas logrado lo que quieres. **Pero para lograr una diferencia notable en tu vida, considera subir de** nivel creando un estándar más alto que te impulse a una meta aún más digna que se construya sobre lo que ya has hecho.

Además, **no es saludable compararse a uno mismo o a sus estándares con los de los demás.** Este es tu viaje y solo el tuyo. Mantenlo así. No tienes ni idea de por lo que está pasando otra persona, incluso cuando te lo cuentan. *Especialmente* cuando te lo cuentan. Solo vas a oír lo que ellos quieren que oigas. Cuando te comparas, también tienes la tentación de ajustar tus estándares a la baja para alinearlos con los de otra persona. Eso es inaceptable. **Es de naturaleza humana comparar, pero te lo digo ahora: no lo hagas.**

Piensa en la alternativa. Supongamos que comparas tu nivel de exigencia con el de otra persona y descubres que su nivel de exigencia es increíblemente alto cuando lo comparas con el tuyo. En ese caso, puedes estar preparándote para una gran decepción psicológica. Es una pérdida de tiempo y no hace nada para acercarte a tus resultados deseados. La única persona con la que deberías compararte es contigo mismo.

Las consecuencias de establecer estándares más altos

El cambio genera consecuencias. Establecer estándares más altos crea consecuencias. **Cuando los pensadores «una vez más» establecen un estándar más alto, experimentarán consecuencias, buenas y malas.**

Lo bueno es evidente. Cuando tus objetivos estén alineados con tus estándares más altos, disfrutarás de una vida más plena y feliz. Cuando repitas este proceso en varias áreas de tu vida, experimentarás una poderosa transformación. No solo te tratarás mejor a ti mismo, sino que también tratarás mejor a los demás. Del mismo modo, los demás entenderán que tienes una mayor expectativa de cómo quieres que te traten, y la mayoría cumplirá esa expectativa y te tratará con más respeto.

Sin embargo, **algunas personas de tu círculo se pondrán celosas de tu disciplina y tu éxito.** Si siguen dudando de ti, siguen teniendo celos, o si no ven que pueden compartir y celebrar tu éxito, tienes que reconsiderar tu relación con esas personas. Pronto lo superarán. O, aunque suene duro, puede que tengas que dejarlos marchar.

A medida que desarrolles estándares más altos, también disfrutarás de una mayor capacidad de resiliencia. Te recuperarás más rápido de los contratiempos. Tus estándares más altos se convertirán en hábitos y sustituirán a los estándares más bajos que solían guiarte. **Incluso si no lo consigues del todo, seguirás fallando a un nivel más alto y aterrizarás en una línea de base más alta.** Una vez que te desempolves, estarás en mejores condiciones para avanzar hacia nuevos objetivos y otros estándares más altos.

Establecer estándares más altos en tu vida no es fácil. Pero piensa en la alternativa: si apuntas bajo, estableces objetivos indignos y creas estándares poco inspirados, acabarás viviendo una vida muy por debajo de lo que eres capaz y muy por debajo de lo que mereces.

11

Pensadores de la imposibilidad y realizadores de la posibilidad «una vez más»

«La filosofía de uno no se expresa mejor en palabras; se expresa en las elecciones que uno hace. A la larga, damos forma a nuestras vidas y nos damos forma a nosotros mismos. El proceso nunca termina hasta que morimos. Y las decisiones que tomamos son, en última instancia, nuestra propia responsabilidad».

—ELEANOR ROOSEVELT

LA FILOSOFÍA FUNDAMENTAL DE «UNA VEZ MÁS» combina los actos de pensar y hacer.

Para realizar plenamente tu mejor vida, no basta con pensar en lo que quieres hacer. Tu pensamiento puede ser impoluto y acertado. **A menos que pongas acciones a esos pensamientos, no irás a ninguna parte en la vida. Los pensadores «una vez más» deben ser también hacedores «una vez más».** Para enmarcar la unión de estos dos elementos de la manera correcta, quiero que te conviertas en un pensador de imposibilidades y en un realizador de posibilidades.

Aprende a pensar y a hacerte rico

Si te tomas en serio lo de mejorar tu vida, uno de los mejores libros sobre el tema es *Piense y hágase rico*, de Napoleón Hill. Generaciones de empresarios de éxito, emprendedores, artistas, deportistas y personas de medios y objetivos más modestos de todo el mundo han obtenido ideas valiosas y se han inspirado para alcanzar nuevos niveles de grandeza después de leer este libro fundamental.

Como pensador «una vez más», deberías leer el libro de Hill si aún no lo has hecho. Tiene varias herramientas estupendas para romper las barreras y convertirse en un pensador de la imposibilidad más dinámico que se atreve a soñar con cosas que la mayoría de los demás consideran imposibles.

Tus sueños equivalen a tus riquezas. Quizá tu sueño sea vivir en un rancho y criar ganado en Wyoming. O lanzar una empresa que proporcione agua potable a zonas empobrecidas del mundo. Tal vez sueñes con ganarte la vida tocando música o actuando y llevando alegría a los demás como artista.

Siento un profundo respeto tanto por Napoleon Hill como por *Piense y hágase rico*. Mi único problema con el libro es que no creo que vaya lo suficientemente lejos como concepto básico del alto rendimiento para los tiempos actuales. Cuando se escribió en 1937, el mundo era un lugar muy diferente. Estados Unidos estaba inmerso en la Gran Depresión. Un gran número de personas estaban sin trabajo y hambrientas. Los problemas en Europa empezaban a presagiar un futuro ominoso de lo que sería la Segunda Guerra Mundial. Los estadounidenses necesitaban esperanza. Napoleón Hill, inspirado por una sugerencia de Andrew Carnegie, se la entregó.

Más de 80 años después de su debut, *Piense y hágase rico* ha vendido más de 15 millones de ejemplares y se considera una lectura obligatoria para cualquiera que quiera tener éxito en cualquier línea de trabajo. **Todos los principios de *Piense y hágase rico* son fundamentales para el éxito.** Merece la pena mencionarlos porque siguen siendo estrategias válidas y poderosas hoy en día.

Esos principios son:

Los pensamientos son cosas
El deseo
La fe
La autosugestión
El conocimiento especializado
La imaginación
La planificación organizada
Decisión
Persistencia
El poder de un grupo de «master mind»
El misterio de la transmutación del sexo
El subconsciente
El cerebro
El sexto sentido

Si lees el libro, verás que todos estos conceptos se relacionan principalmente con los pensamientos. Pero uno no se hace rico simplemente pensando. **Te haces rico haciendo. Más concretamente, te haces rico, altamente productivo o más feliz, cuando tus pensamientos y tus acciones son congruentes.**

Aunque uno de los pensamientos más famosos de Hill se refiere a la acción, «el hombre que hace más de lo que se le paga pronto será pagado por más de lo que hace», su libro no va lo suficientemente lejos. Hay que casar las acciones con los pensamientos si quieres alcanzar tus objetivos.

Tus pensamientos son el punto de partida de tus sueños, y te debes a ti mismo apuntar alto con tus sueños. **Lo triste es que muchas personas no van más allá de soñar.** Sus sueños terminan en sus pensamientos. Ese potencial frustrado de hacer algo grande y ser feliz puede ser enloquecedor.

Los sueños son la esencia del pensamiento de la imposibilidad. Debes ser capaz de soñar para plantar las semillas de lo que crees que puedes hacer en la vida.

Cuando combinas ese pensamiento de imposibilidad con acciones intencionadas dirigidas directamente a lograr tus sueños es cuando te conviertes en un realizador de la posibilidad.

Piensa en tus sueños como retos que viven dentro de ti. No pierdes nada por desafiarte a ti mismo de esta manera. Es saludable, y te animo encarecidamente a que pienses largo y tendido sobre lo que te ayudará a encontrar tu versión de la riqueza en la vida.

Pero no te detengas ahí. Para realizar lo que la vida te depara, debes **pensar y hacerte rico.** Los sueños y los pensamientos sin acciones que los acompañen solo te deprimirán y frustrarán.

Los pensadores «una vez más» lo entienden y aplican un corolario actualizado de la Tercera Ley del Movimiento de Newton. Ya conoces la ley original, que dice: «Para cada acción, hay una reacción igual y en el sentido opuesto». En este caso, ese corolario actualizado es: «Para cada pensamiento, hay una acción igual y complementaria». **Los pensamientos y las acciones actúan como un par.** Tomando prestado más de la Ley de Newton, los pensadores «una vez más» también entienden que «el tamaño de los pensamientos que tienes debe ser igual a la fuerza de las acciones que debes realizar».

No siempre puedes controlar tus pensamientos. Esa es la belleza del cerebro humano en funcionamiento. No hay sueños equivocados en tu cabeza. **El problema es que es imposible medir tus pensamientos o los de otra persona. Sin embargo, puedes controlar lo que haces, y lo que haces sí se puede medir.**

Por ejemplo, si entrenas en el gimnasio y quieres aumentar la fuerza de tus brazos, dos series de ocho repeticiones de flexiones de bíceps pueden convertirse en tres series de 10 repeticiones. Si quieres mejorar tu condición física cardiovascular, 30 minutos en la cinta de correr pueden convertirse en 45. En lugar de hacer ejercicio tres días a la semana, puedes ir al gimnasio cinco días a la semana.

Medir tu progreso midiendo tus acciones te convierte en un realizador de posibilidades. ¿Existen riesgos y costes asociados a la acción? Por supuesto que sí. Pero los riesgos y costes asociados a no actuar son mucho mayores. **La inacción ahoga el progreso y mata el crecimiento personal.** Tu tiempo es finito y limitado, así que, ¿por qué vas a seguir sentado en lugar de dedicarte a la vida que estás destinado a llevar?

Conviértete en un pensador de la imposibilidad y en un realizador de la posibilidad

Los grandes filósofos de la historia han comprendido desde hace tiempo el vínculo entre los pensamientos y las acciones.

El filósofo griego Epicteto animaba a sus seguidores diciéndoles: «…deja de preocuparte por las cosas que escapen tu control. Las únicas cosas que controlas son tus pensamientos y acciones. Nosotros elegimos nuestra respuesta. Deja de aspirar a ser alguien que no sea tu mejor yo, porque eso es lo único que está bajo tu control».

1 Juan 3:18 nos dice: «No amemos de palabra y de boca, sino de verdad y con obras».

Mahatma Gandhi es uno de los muchos que han expresado una versión de lo siguiente:

«Tus creencias se convierten en tus pensamientos,
tus pensamientos se convierten en tus palabras,
tus palabras se convierten en tus acciones,
tus acciones se convierten en tus hábitos,
tus hábitos se convierten en tus valores,
tus valores se convierten en tu destino».

Mark Twain lo hizo más sencillo, pero igualmente efectivo, cuando escribió: «Las acciones hablan más alto que las palabras, pero no tan a menudo».

El concepto de ser un pensador de imposibilidades y un realizador de posibilidades no es nuevo. El problema es que a menudo se pasa por alto la unión de estas dos ideas. La procrastinación, la negación o el miedo son razones comunes por las que los pensadores se atascan pensando y no pasan a la acción.

Muchos hombres ven a una mujer atractiva y piensan en invitarla a salir. Pero solo unos pocos superan el miedo o la dilación y tienen las agallas para llevarlo a cabo. ¿Has visto alguna vez a una mujer preciosa del brazo de un hombre muy normal y te has preguntado: «¿Cómo lo ha hecho?». **Lo hizo porque es un pensador de imposibilidades y realizador de posibilidades.**

Los bebés son seres humanos extraordinarios. Por ejemplo, fíjate en el simple hecho de que un bebé aprenda a caminar. Toda su vida, un bebé solo ha conocido el gateo. Ven a otros seres humanos erguidos y caminando, y empiezan a imaginar un mundo en el que superan la imposibilidad de mantenerse erguidos por sí mismos. Al principio, se agarrarán a una mesita o a un sofá y se levantarán. Se caerán. Habrá algunas lágrimas, golpes y magulladuras. Con el tiempo, ese bebé se pondrá de pie, pondrá un pie delante del otro y, para alegría de mamá y papá, empezará a caminar como si nada. Los bebés necesitan cientos de horas de práctica desde que aprenden a ponerse de pie hasta que caminan sin ayuda. Es un logro monumental que merece la celebración de todos los padres.

Si un bebé puede hacerlo, tú también puedes convertirte en un pensador de imposibilidades y en un realizador de posibilidades. **Debes estar dispuesto a soñar a lo grande, arriesgarte, dejar de lado tus barreras y hacerlo de todos modos.** Tanto si se trata de aprender a hacer bailes de salón como de negociar con acciones durante el día o de fijarse el objetivo de ser cabeza de cartel en un festival, pon tu subconsciente a trabajar y, muy pronto, tus acciones te impulsarán hacia tus objetivos.

Ve tu película muda

Si me muestras tus acciones y comportamientos, puedo mostrarte cómo piensas. Eso es porque lo que haces es un reflejo de cómo estás pensando. Sin embargo, lo que piensas no siempre es un reflejo de lo que haces.

Esto es importante porque una vez que entiendes cómo funciona la relación entre los pensamientos y las acciones de una persona, puedes predecir su comportamiento. Estoy seguro de que estarás de acuerdo en que es una poderosa herramienta a tu disposición. Aquí tienes varios ejemplos de lo que quiero decir.

No puedo decirte si estás pensando en ponerte a dieta para perder 18 kilos. Pero sí puedo decirte cómo será tu cuerpo en función de cómo comas y hagas ejercicio. ¿Te atiborras por la noche a galletas y helado? ¿O vas al gimnasio y sales a correr varios días a la semana?

Varios «indicios» para una mujer que acude a una primera cita con un hombre le revelarán el tipo de hombre que es y si debe llevar la relación adelante. No son descalificadores. Pero son indicadores. Por ejemplo, ¿te abre las puertas? Si estáis en un restaurante, ¿cómo trata al camarero y al resto del personal? ¿Apaga su teléfono cuando está contigo? ¿O, al menos, se disculpa si tiene que atender una llamada importante? **Lo que mucha gente llama intuición femenina podría ser simplemente una toma de notas de observación muy afinada.**

Cuando estás sentado frente a una persona que intenta negociar un gran acuerdo comercial, ¿qué te dice el lenguaje corporal de esa persona sobre su nivel de interés? ¿Están ansiosos por terminar las cosas o hacen preguntas importantes para profundizar en los puntos más delicados del acuerdo? ¿Tratan de machacar cada pequeño detalle o entienden que los mejores acuerdos son los que benefician a todos y buscan un terreno común?

En estas situaciones, y en la mayoría de tus interacciones con los demás, lo que haces supera lo que piensas. Tu vida no se basa en tus pensamientos. Tu vida se basa en tus acciones. Muéstrame lo que haces y te diré lo que piensas. Para ilustrar este punto, he desarrollado algo que llamo «**ver una película muda**».

Supongamos que en todas tus interacciones con los demás no hubiera sonido. No tendrías más remedio que hacer suposiciones y tomar decisiones sobre los demás basándote solo en sus acciones. En efecto, la ausencia de sonido significa que no puedes escuchar sus pensamientos. Sin embargo, a pesar de no tener sonido, puedes ver el resultado de sus pensamientos por la forma en que se desarrolla su película muda frente a ti.

He aquí otra forma fácil de entender y probar el «**ver una película muda**». La próxima vez que estés sentado en el sofá de tu casa, busca un programa que no hayas visto antes. Ponlo, pero quítale el sonido. Las comedias románticas son un género excelente con el que probarlo. A menudo, las tramas se centran en deseos ocultos que se revelan a lo largo de dos horas. Juega a esto: ¿puedes averiguar la trama basándote solo en la acción?

Puede que ya lo hagas cuando un amigo o familiar te llama durante un programa que no quieres dejar de ver. Silencias el televisor. Mantienes una breve charla mientras miras el programa. La mayoría de las veces, cuando la llamada termina, no hay necesidad de rebobinar. Simplemente, quitas el silencio y sigues viendo tu programa, sin sentir que te has perdido nada.

La clave es la alineación

En la vida, ganar depende de la forma en que se interactúa con los demás. Tratar de entender lo que está en la mente de alguien es un elemento crítico para un resultado positivo. Pero, como ya he dicho, no siempre se puede saber lo que piensan los demás. Sí, muchas personas dan pistas al hablar mucho. Pero también hay muchas personas que ocultan sus pensamientos al mantener un silencio absoluto. En algunos casos, incluso te mienten.

Lo que funciona bien en la lectura de otras personas también funciona bien para ti. La alineación entre tus pensamientos y tus acciones es esencial para el éxito. Aunque equilibrar los pensamientos y las acciones puede ser un reto para muchas personas, **la alineación se produce cuando tus pensamientos se manifiestan en cómo actúas.** Por eso, los mejores se convierten en pensadores de la imposibilidad y realizadores de la posibilidad.

Cuando estableces estándares altos y realizas acciones congruentes con esos estándares que has pensado, disfrutarás del éxito y la felicidad. Como dijo una vez el filósofo y médico inglés John Locke: «Siempre he pensado que las acciones de los hombres son los mejores intérpretes de sus pensamientos». Con las semillas firmemente plantadas en tu cerebro, es mucho más fácil actuar de una determinada manera si están alineados.

Conozco a pensadores positivos que han triunfado en la vida. Pero también conozco a muchos pensadores escépticos y pesimistas que también han triunfado en la vida. Conozco a algunas personas con una visión tremenda que han ganado y a personas con una visión igualmente grande que han perdido. También conozco a algunas personas con una visión limitada que han triunfado. Conozco a pensadores grandes y agresivos que han ganado y a otros que son conservadores y reacios al riesgo que también han ganado.

No hay una sola forma de pensar que haga que la gente tenga éxito. Pero sí hay una sola forma de actuar y comportarse que puede conducir a resultados extraordinarios: convertirse en un pensador de imposibilidades y realizador de posibilidades «una vez más».

Reflexión sobre Martin Luther King, Jr. y *La fuerza de amar*

Si sabes algo de mí, sabrás que creo que **Martin Luther King, Jr. es uno de los mejores seres humanos que han existido.** Recurro a él con frecuencia, con reverencia y como fuente de consuelo y sentido común. Quiero compartir este pasaje de su colección de sermones, *La fuerza de amar*, por el profundo impacto que tuvo en mí, y espero que también tenga el mismo efecto en ti. No hay mejor manera de resumir el desafío continuo de lo que significa ser un pensador de imposibilidades y un realizador de posibilidades que estas palabras:

Una de las grandes tragedias de la vida es que los hombres raramente establecen un puente entre la práctica y la teoría, entre el hacer y el decir. Muchos de nosotros estamos trágicamente divididos por una esquizofrenia tenaz.

Por una parte profesamos con orgullo ciertos principios, sublimes y nobles, pero por otra practicamos, desgraciadamente, la antítesis exacta de estos principios. Demasiado a menudo nuestras vidas se caracterizan por el vigor del credo y la anemia de la acción.

Hablamos elocuentemente sobre nuestro compromiso con los principios del cristianismo, pero nuestras vidas están saturadas de las prácticas del paganismo. Proclamamos nuestra adhesión a la democracia, pero desgraciadamente practicamos la oposición exacta del credo democrático. Hablamos con pasión de la paz, y nos preparamos constantemente para la guerra. Hacemos alegatos fervientes en favor de la vía alta de la justicia y caminamos con decisión por el bajo camino de la injusticia.

Esta extraña dicotomía, este abismo doloroso entre lo que debe ser y lo que es, representa el lado trágico del peregrinaje terrestre del hombre.

12

Un hábito más

«Tu patrimonio neto para el mundo suele
estar determinado por lo que queda después
de restar tus malos hábitos a los buenos».

—BENJAMIN FRANKLIN

**MUÉSTRAME TUS HÁBITOS Y YO TE MOSTRARÉ TU
VIDA.**

Puedo predecir con un alto grado de exactitud los resultados que vas a conseguir basándome en tus hábitos porque los resultados de tu vida están directamente relacionados con ellos.

Tu cerebro entiende la importancia de los hábitos porque es un órgano increíblemente eficiente. El ADN del cerebro está programado para protegerte conservando la energía mental siempre que pueda.

Ahorrar energía significa que las reservas pueden aplicarse a otras partes de tu vida en las que se necesita más capacidad intelectual.

¿Qué tiene eso que ver con los hábitos?

Tu cerebro está constantemente tratando de ahorrar energía.

Este es un punto importante que hay que entender porque se relaciona directamente con la forma de crear y cambiar hábitos, y con la razón por la que se tienen hábitos en primer lugar.

Los hábitos son el resultado directo de las acciones que realiza el cerebro de forma subconsciente para garantizar que se utilice menos energía para obtener el resultado deseado. **Con los hábitos, tu cerebro ya sabe lo que tienes que hacer y cambia al modo de piloto automático,** como si pusieras un coche en control de crucero para crear la máxima eficiencia de combustible.

Piensa en cuántas veces te has despertado por la mañana y has realizado tu rutina de aseo personal, vestirte y desayunar. Si tienes un horario fijo, es muy probable que la mayoría de los días hayas pasado por todas estas tareas prácticamente dormido antes de darte cuenta de que en realidad estás despierto y listo para empezar el día. Ya conoces esa sacudida, el primer momento de claridad matutina, y rara vez ocurre en cuanto te despiertas.

Has llegado a ese punto del día porque tus hábitos te han hecho avanzar.

Esto es lo más importante. Varios estudios han demostrado que la mayoría de las acciones que realizas son hábitos.

Algunas personas se toman dos tazas de café antes de las 8 de la mañana sin falta. Otras personas almuerzan exactamente a la misma hora todos los días. Los golfistas tienen una rutina exacta cuando hacen el *swing*, y las personas que van al gimnasio suelen hacerlo los mismos días de la semana y hacen siempre los mismos entrenamientos.

A veces, estos hábitos son aún más específicos y más rutinarios, y somos aún menos conscientes de ellos. Por ejemplo, la mayoría de las personas o se cepillan los dientes primero o se meten en la ducha primero para empezar el día. Nunca varía.

¿Y tú? ¿Qué es lo primero que haces y con qué frecuencia piensas en ello?

Vayamos un paso más allá.

Hablaremos más sobre los desencadenantes más adelante en este capítulo, pero, por ahora, cuando entras en la ducha, el agua es un desencadenante que inicia un hábito de lo que haces en la ducha.

¿Empiezas por lavarte la cabeza? ¿Coges una pastilla de jabón y te enjabonas la cara y luego el resto del cuerpo? ¿Te quedas de pie y dejas que el agua corra por tu espalda durante un minuto mientras te relajas o empiezas a planificar el día?

Apuesto a que hay una secuencia de aseo que realizas cada día y en la que no piensas, ¿verdad?

Es un claro ejemplo de cómo funcionan los hábitos.

Cuando te subes a tu coche para empezar tu camino al trabajo, encender el coche es un desencadenante que inicia el hábito de cómo vas a conducir al trabajo. Es posible que ajustes los retrovisores, te abroches el cinturón de seguridad, enciendas la radio, te pongas un *podcast* favorito y compruebes el nivel de combustible antes de poner el coche en marcha y alejarte de tu casa.

Tu cerebro entra en modo hábito porque ya has conducido al trabajo tantas veces que tu cerebro sabe qué hacer con mucho menos pensamiento activo por tu parte.

Ese único impulso de arrancar el coche inicia un hábito que se prolonga durante todo el trayecto al trabajo, ahorrando mucha energía cerebral en el proceso.

Innumerables tipos de actividades son hábitos. No piensas en ellas. Simplemente las haces. Y, muchas veces, esos hábitos son suficientes para ti.

Pero no siempre. A veces desarrollas malos hábitos, y no acaban sirviéndote de nada.

Cuando eso ocurra, si quieres cambiar tu vida a mejor, presta mucha atención a tus hábitos y haz cambios que se alineen con lo que quieres de la vida.

Sé intencional con tus hábitos

Bajo presión, siempre pasarás a un modo hábito en tu cerebro. **Los hábitos son reflexivos.**

Por ejemplo, si quieres mantener un alto nivel de forma física, pero tienes la costumbre de ir al gimnasio solo dos veces por semana, y metes mucha comida basura en tu dieta, no vas a conseguir ese objetivo.

Si quieres tener una vida familiar unida y feliz, ¿programas una noche de cita una vez a la semana con tu cónyuge, o un tiempo privado con tus hijos? ¿Hay un momento recurrente en tu casa en el que os reunís todos como familia? ¿Tenéis la costumbre de cenar juntos la mayoría de las noches?

Ese tipo de hábitos son los que crean una vida familiar feliz para ti.

Tal vez quieras más paz en tu vida, pero no cultivas el hábito de rezar, meditar o ir a la iglesia. ¿Cómo vas a calmar tu mente si no haces las cosas que necesitas para ponerte en estado de gracia?

O, si quieres ser un gran líder, pero no aplicas activamente los principios críticos del liderazgo en tu trabajo o vida personal, también fracasarás en esas áreas. **Animarse a vivir bien cada día es importante, pero ni de lejos es tan importante como tener buenos hábitos.**

Octavia Butler lo puso en perspectiva de esta manera cuando dijo: «...olvídate de la inspiración. Fíate más del hábito. El hábito te sostendrá tanto si estás inspirado como si no».

Al contrario de lo que crees y de lo que te han dicho, el **mayor separador de la vida no es la motivación o la inspiración. Son los hábitos que creas para superar esos días en los que no te apetece hacer las cosas que necesitas para tener éxito.**

¿Qué haces cuando no te sientes bien? ¿O cuando no es tu mejor día? ¿Cómo avanzas en tus proyectos y objetivos en esos momentos?

Son los rituales y los hábitos.

La motivación y la inspiración van y vienen. Pero los rituales y los hábitos son constantes.

La creación de hábitos positivos y eficaces cambiará tu vida. La buena noticia es que esto puede llevarse a cabo con unos sencillos pasos. No hay necesidad de complicar demasiado el proceso.

Sin embargo, antes de aprender a hacerlo, es fundamental entender cómo nacen los hábitos, por qué dependemos tanto de ellos y qué ocurre en el interior de nuestro cerebro cuando un hábito se pone en marcha.

La ciencia de los hábitos

Cuando entiendes cómo se crean los hábitos y por qué tu cerebro los utiliza para beneficiarte, aprender a mejorar tus hábitos tiene más sentido.

La vida sería mucho más fácil si viviéramos relajados todo el día. En cambio, a menudo, vivimos con diversos grados de presión y estrés. Este estrés puede ser causado por cualquier cosa, como pagar las facturas, lanzar un tiro bajo presión en un partido si eres jugador de baloncesto, tener un desacuerdo con tu cónyuge o asistir a una reunión importante con tu jefe o un cliente importante.

Por un lado, los ves como partes normales de tu vida. Sin embargo, en términos neurológicos, tu cerebro no distingue entre estos acontecimientos y los trata como amenazas. **Cuando percibimos estas amenazas, nuestro cerebro acciona un interruptor, sale del modo de pensar y entra en un modo reflejo.** Reaccionamos y volvemos a lo que conocemos como forma de protección.

Y lo que conocemos son nuestros hábitos.

En términos biológicos, en respuesta a una amenaza percibida, el hipotálamo se activa y hace que las glándulas suprarrenales liberen hormonas, como la adrenalina y el cortisol. La adrenalina aumenta el ritmo cardíaco, eleva la presión arterial y los niveles de energía. El cortisol es la principal hormona del estrés del organismo y, cuando se activa, libera glucosa en el torrente sanguíneo. Eso desencadena varias funciones corporales, incluidos los sistemas de alarma en las regiones del cerebro que controlan el estado de ánimo, la motivación y el miedo.

Además, **cuando estás estresado y entras en modo hábito, si no tienes los hábitos adecuados, te hundirás en la depresión, la desesperación y el miedo.** Cuando esto ocurre repetidamente durante un largo período, puede conducir a la ansiedad crónica, enfermedades del corazón, problemas de sueño, aumento de peso, problemas digestivos y degradación de la memoria y la concentración, entre otros.

Por el contrario, cuando adoptas hábitos positivos que dan buenos resultados, tu cuerpo produce dopamina. La dopamina crea una sensación de euforia, y esta euforia relaja tus sistemas corporales y conserva la energía, que es lo que tu cerebro naturalmente trata de hacer en la medida de lo posible.

Si tus hábitos implican confianza, pasión, resistencia, fuerza y paz, responderás reflexivamente con esas emociones cuando el estrés te afecte.

Las vías de la dopamina controlan el funcionamiento de los ganglios basales. Los ganglios basales están situados cerca de la «base» o el fondo del cerebro. Este grupo de núcleos desempeña un amplio papel en el cerebro, incluyendo la participación en una variedad de funciones cognitivas, emocionales y relacionadas con el movimiento.

Voy a explicarte cómo todo esto está relacionado con los hábitos.

El cerebro puede cambiar y adaptarse como resultado de la experiencia. Esto se conoce como plasticidad cerebral o neuroplasticidad.

Las neuronas son los bloques de construcción del cerebro y del sistema nervioso. La neuroplasticidad significa que pueden regenerarse, desarrollar nuevas vías y crear nuevas conexiones.

Cuando los ganglios basales participan en la neuroplasticidad es así como se crean nuevos hábitos.

La neuroplasticidad es lo que permite aprender cosas nuevas, mejorar las capacidades cognitivas existentes, recuperarse de accidentes cerebrovasculares y lesiones cerebrales traumáticas y fortalecer algunas funciones cerebrales que se han perdido o están en declive.

Ahora, tomemos esta ciencia y apliquémosla a cómo puede desarrollar un nuevo hábito más.

Desencadenante, acción, premio

Como pensador «una vez más», tu objetivo es crear nuevos hábitos que se centren en liberar dopamina y minimizar las amenazas percibidas que liberan adrenalina y cortisol. Ten en cuenta que los hábitos están directamente relacionados con tus emociones, que son controladas por tus ganglios basales, de donde emanan las emociones.

Te des cuenta o no, estas emociones habituales te controlan. Por lo tanto, **cuando reformulas tus emociones, también reformulas tus hábitos.** Dado que los hábitos conforman gran parte de tu vida, puedes hacer enormes avances en todas las áreas que quieres mejorar cuando ajustas tu forma de pensar y desarrollas hábitos positivos.

La creación de nuevos hábitos implica tres pasos: **el desencadenante, la acción y el premio.**

El desencadenante

Las claves para crear nuevos hábitos son el **pensamiento intencional y la repetición.**

Para desarrollar estas cosas, lo primero que debes hacer es una lista de los hábitos que necesitarás para alcanzar un objetivo concreto. Sé específico y escríbelos.

Por ejemplo, si tu objetivo es estar en forma, ¿qué hábitos debes desarrollar? ¿Qué tipo de hábitos de ejercicio, alimentación, ingesta de proteínas e hidratación necesitarías para lograr este objetivo?

A continuación, haz una lista de los hábitos que no te sirven en relación con los objetivos que quieres alcanzar. Para ello, empieza por las emociones que más sientes en momentos de estrés. ¿Te pones nervioso, enfadado, temeroso, tenso o pierdes la confianza? Esas emociones habituales van a dictar tus acciones.

Mientras lo haces, pregúntate: «Cuando esté estresado, ¿lograré un mejor resultado si estoy lleno de estas emociones negativas o de emociones más positivas, como la calma, la ecuanimidad y la concentración?».

Recuerda que tu cerebro está constantemente tratando de encontrar una manera de conservar la energía. Lo hace reduciendo al mínimo el número de opciones en tu vida y sustituyéndolas por hábitos conectados a tu mente subconsciente.

Cuando tu cerebro percibe una acción que te afecta, se desencadena una respuesta. Tus ganglios basales se ponen a trabajar para responder a esta acción. **Siempre que sea posible, los hábitos se convierten en la respuesta principal a este desencadenante. Por eso es importante tener hábitos adecuados ya programados en tu cerebro.** Una respuesta habitual positiva es más probable que produzca una liberación de dopamina.

La acción

La acción que emprendas es tu respuesta al estado de alerta elevado al que te enfrentas.

Digamos que eres un jugador de béisbol y entras en la caja de bateo. Tu cuerpo considera automáticamente que se trata de una situación importante y reconoce que tienes que ejecutar esta tarea a un alto nivel.

No puede distinguir entre jugar un partido o intentar escapar de una casa que se está incendiando. Solo entiende que un estímulo externo debe ser tratado de la mejor manera que tu cerebro sabe hacer.

Cuantos más buenos hábitos como bateador hayas desarrollado, más confianza tendrás cuando entres en la caja de bateo. Y tu cerebro y tu cuerpo reaccionarán de forma refleja. En la jerga del béisbol, tienes más posibilidades de estar «concentrado», lo que te da una mayor probabilidad de golpear bien la bola.

Permíteme darte un ejemplo de lo que suelo hacer cuando trabajo con deportistas para ayudarles a cambiar sus hábitos y su rendimiento.

Cuando se compite, no importa el deporte que se practique, es probable que se tenga un bajón tarde o temprano. Si eres golfista, fallas golpes cortos fáciles. Si eres jugador de baloncesto, tienes problemas para lanzar tiros libres. Si te dedicas a las ventas, quizá hayas fallado una docena de cierres seguidos.

¿Qué tienes que hacer? Tienes que crear un nuevo hábito.

¿Cómo se hace eso? Lo primero que tienes que hacer es construir un **nuevo desencadenante**.

Cuando trabajo con bateadores en el béisbol, lo primero que hago es que cambien su desencadenante. Esto significa que lo primero que hacen cuando entran en la caja de bateo es cambiar el desencadenante que los pone en modo de hábito. Por ejemplo, en lugar de golpear el plato una vez antes de prepararse para batear, tal vez lo golpeen tres veces. Tal vez les haga ajustarse los guantes de bateo de una manera diferente o hacer un número diferente de *swings* de práctica. De este modo, se crea un nuevo hábito.

Aunque parezcan pequeños e intrascendentes, cuando los haces intencionadamente, te alejas del hábito que no te servía y obligas a tu cerebro a entrar en un nuevo modo de pensar. **Los pequeños ajustes son desencadenantes que crean nuevos hábitos** que pueden cambiar por completo el aspecto de un plato.

También hay que entender que enseñar a tu cerebro a desarrollar nuevas vías requiere repetición. Crear las acciones correctas para producir mejores hábitos implica práctica. ¡Mucha, mucha práctica!

No puedes esperar hacer algo una vez y que se convierta en un hábito. Dependiendo de lo que quieras hacer o cambiar, crear nuevos hábitos puede llevar desde varios días hasta varios meses.

Mark Twain dijo en una ocasión: «Nadie se desembaraza de un hábito o un vicio tirándolo una vez por la ventana; hay que sacarlo por la escalera, peldaño a peldaño». Cuando eres paciente y tienes la intención de hacerlo, en la mayoría de los casos se puede desarrollar un nuevo hábito en unos 30 días. Pero no puedes ser perezoso al respecto. Debes trabajar duro, pensar en lo que estás haciendo y a dónde quieres llegar antes de que tu nuevo hábito se haga realidad.

El premio

Esta es la recompensa. **Cuando creas un nuevo hábito y lo utilizas para lograr un objetivo, liberas dopamina. Esta dopamina le dice a tu cerebro que quieres volver a hacerlo. Cuanta más dopamina libere tu cerebro, mayor será la intensidad de tu deseo de repetir la acción.**

¿Cómo es el premio?

El premio puede ser tan sencillo como celebrarlo cuando se llega a la primera base después de una buena aparición en el plato. Podría ser tan pequeño como chocar los cinco al salir de la sala de juntas tras cerrar una gran venta.

A veces, el premio es la propia acción. Puede ser el *home run*, la venta cerrada o la mirada especial de tu pareja al otro lado de la mesa cuando salís a cenar en una cita nocturna. Tal vez sea relajarte tranquilamente con una copa de vino al final de un buen día en el que has conseguido muchas cosas importantes para ti.

Cuando reformulas tu desencadenante y cambias tus acciones, tu cerebro responde favorablemente porque has logrado una mayor alineación. **En lugar de luchar contra tu cerebro, tu cerebro te recompensa.**

Quizá te preguntes: ¿es importante un premio? Por supuesto que sí.

Cuando te das un premio, **creas un refuerzo esencial para el desencadenante y la acción.** Fijas el hábito a través de la reacción química que creas en tu cerebro.

Cambiar suficientes hábitos y obtener más premios es parte de un estado general mejorado del ser. Cada vez que pongas en marcha un nuevo hábito más, serás más feliz porque serás más productivo en el avance de tu vida de la forma en que estás destinado a hacerlo.

Al principio de este capítulo, te dije que estos pasos serían sencillos, y lo son. No pienses demasiado en cómo desarrollar un hábito más.

1. **Crea un nuevo desencadenante.**
2. **Ejecuta una nueva acción.**
3. **Disfruta del premio.**

Debido a la forma en que tu cerebro está conectado, vas a participar constantemente en tus hábitos. Cuando crees los hábitos adecuados, ahorrarás energía y tiempo. La neuroplasticidad significa que puedes lograr esta conexión y crear nuevos hábitos en tan solo 30 días la gran mayoría de las veces.

Examina tus emociones actuales y busca intencionadamente formas de crear nuevos hábitos. También tienes que buscar intencionadamente formas de eliminar los hábitos que no te sirven.

Cuando busques las oportunidades de «una vez más» para crear nuevos hábitos, encontrarás un camino claro hacia una vida más feliz.

Quizás lo más importante de todo es que **un hábito más no solo podría cambiar tu vida, sino que ese hábito también podría salvarte la vida.**

Comer de forma saludable, hacer ejercicio con regularidad, dormir lo suficiente, disfrutar de tus aficiones, ser voluntario en tu comunidad y otros hábitos similares son cosas que deberías perseguir activamente.

Empecé este capítulo diciendo «muéstrame tus hábitos y yo te mostraré tu vida». Espero que esa afirmación tenga más sentido para ti ahora.

Nuestros hábitos tienen consecuencias. Si tomamos el control de nuestros hábitos de manera más consistente, tendremos una mayor medida de control sobre los resultados que logramos. Por eso es esencial, como pensador «una vez más», entender la ciencia de los hábitos y la necesidad de ser conscientes de nuestras acciones para alterar positivamente los resultados en nuestras vidas.

13

Un multiplicador más

«El todo es más que la suma de sus partes».

—Un principio rector de la psicología de la Gestalt

¿CON QUÉ FRECUENCIA ENTRAS EN CONTACTO CON FUERZAS QUE TRASCIENDEN LAS TAREAS EN CUESTIÓN? Fuerzas que crean resultados que superan las expectativas. **Puede que sientas que formas parte de algo especial, aunque no sepas exactamente de qué.** Por alguna razón, lo normal se transforma en algo mágico.

A menudo, basta con añadir una pequeña cosa para que esto ocurra. Puede ser sutil. O puede ser obvio, produciendo un cambio sísmico que desencadena un efecto tsunami multiplicador.

La dinámica de la química del equipo

El cambio es natural. A veces, buscarás el cambio. Otras veces, el cambio te encontrará a ti. **No le tengas miedo al cambio.** Cuando aceptas tu nueva realidad, pueden ocurrir las cosas más sorprendentes. En un experimento de laboratorio, hay elementos de control que no cambian, y hay variables que se introducen para crear diferentes conjuntos de resultados.

Lo mismo ocurre con tus interacciones con los demás. **Algunas partes de tu vida tendrán constantes y otras cambiarán, llevándote a nuevas direcciones.** Tanto si se trata de negocios como de deportes, familias u otro tipo de relaciones, esto es así. Añadir o quitar variables y personas cambia la química del equipo en el que estás involucrado.

Una gran química de equipo produce un efecto multiplicador. Una mala química de equipo hará que tus esfuerzos se reduzcan al mínimo. Una buena química de equipo requiere tener las piezas adecuadas en los lugares adecuados.

Hay pocos ejemplos mejores que el equipo olímpico de hockey masculino de Estados Unidos de 1980. Apodado el «Milagro sobre hielo», el entrenador Herb Brooks creó una nueva definición de la química de equipo al reunir una plantilla que venció a los rusos, que eran los grandes favoritos, y finalmente ganó la medalla de oro.

La victoria fue, sin lugar a duda, improbable. «No busco a los mejores jugadores. Busco a los jugadores adecuados», fue una de las frases más memorables pronunciadas por Kurt Russell, que interpretó a Brooks en la película *El Milagro*, que tuvo lugar unos años después.

A todo el mundo le gusta jugar con una superestrella en su equipo, pero si ese alto nivel de talento también trae desorden y trastorna la química de equipo, entonces deberías pensar largo y tendido en si añadir o no esa pieza a tu equipo en primer lugar.

Una buena química de equipo requiere confianza, respeto y lealtad mutua y hacia el equipo, a la vez que se persiguen

los objetivos individuales. Una buena química de equipo consiste en **dividir y finalizar las tareas y multiplicar las celebraciones de la victoria.** La cooperación y el sacrificio del yo por el bien del equipo significan **dejar de lado el ego por un propósito mayor.** La unión hace la fuerza y el propósito común.

El Eclesiastés 4:12 nos dice: «Si a uno solo pueden vencerle, dos juntos resistirán. Una cuerda de tres cabos no es fácil de romper». También es fundamental comprender los puntos débiles del equipo y de los individuos y, después, presentarse para trabajar en esos puntos débiles a diario. El **compromiso con el éxito a largo plazo es esencial. El talento por sí solo no es suficiente.**

Sin embargo, cuando el talento se combina con estos otros factores, la buena química de equipo resultante crea un efecto multiplicador «una vez más» para producir resultados superiores.

La grandeza atrae a la grandeza

Vamos a simplificar las cosas. Cuando un multiplicador «una vez más» está en juego...

$$1 + 1 = 3$$

En tu negocio o en tus relaciones personales, cuando atraes a la persona adecuada que complementa y eleva tu estado natural, la suma de esa asociación es mayor que la suma de las partes individuales. Los grandes triunfadores y los seres humanos que funcionan plenamente entienden esto, y por eso buscan personas con ideas afines. **La grandeza puede existir por sí sola. A menudo lo hace. Pero las personas inteligentes saben que los mejores resultados no se producen cuando la grandeza existe en un vacío unipersonal.**

El estado óptimo se produce cuando se desafía la grandeza. Puede ser una fuerza opuesta o una fuerza que se alinea con un propósito singular mayor. **Todo el fundamento del matrimonio se basa en la alineación. Dos se convierten en uno, pero ese «uno» es una unión que trasciende a las dos personas antes de unirse en matrimonio.**

¿Cuántas veces has escuchado: «Hace mejores a los jugadores que le rodean»? Los que son multiplicadores «una vez más» buscan retos dignos y personas que les impulsen al siguiente nivel. Michael Jordan era buenísimo por sí solo. Pero cuando se unió a Scottie Pippen, formaron el núcleo de una bestia del baloncesto.

Ya conoces los logros de Steve Jobs en Apple. Se podría argumentar que estaba destinado a la grandeza de todos modos, pero no se puede restar importancia al hecho de asociarse con Steve Wozniak. Juntos revolucionaron la informática personal y construyeron una de las empresas más exitosas de la historia.

A veces, un multiplicador «una vez más» se revela de una manera diferente. Mucha gente cree que la «pieza de una vez más» en los años de la dinastía de los Chicago Bulls fue el entrenador Phil Jackson. Lo mismo puede decirse de Pat Riley, que condujo a los Lakers de Los Ángeles a cuatro títulos durante la era del Showtime.

No subestimes la capacidad de un multiplicador «una vez más» para ser también un reclutador eficaz. Los talentos de alto nivel quieren trabajar con otros talentos de alto nivel y ser desafiados por ellos. **Disfrutan de la competitividad y la camaradería de estar rodeados de sus iguales.** También entienden que es posible obtener resultados extraordinarios cuando las fuerzas de alto nivel se combinan para crear una visión unificada.

Su nombre es Thomas Edward Patrick Brady, Jr.

Lo conoces mejor como Tom Brady.

Ya se han escrito miles de páginas sobre él, y no hay mucho que pueda añadir a sus legendarios éxitos. Lo que sí puedo hacer es mostrarte cómo incluso Tom Brady puede pasar de ser una pieza central en un equipo a ser un multiplicador «una vez más» en otro equipo.

En 2020, Tom Brady se convirtió en el multiplicador «una vez más» para los Tampa Bay Buccaneers. Con Brady al mando, el equipo pasó de una temporada perdedora el año anterior a ganar una Super Bowl en 2021. **Puede que te cueste pensar en Tom Brady como la pieza «una vez más» de algo.** Fue la esencia de la dinastía de los New England Patriots durante 20 temporadas, acumulando 16 títulos de división y 6 victorias en la Super Bowl.

Aun así, en el fútbol americano, como en la vida, todo tiene una fecha de caducidad. La mayoría de los hombres colgarían las botas después de una carrera como esa. Pero la mayoría de los hombres no son Tom Brady. Con la pandemia de Covid-19 de fondo, cuando Estados Unidos estaba desesperado por encontrar héroes, Tom Brady se convirtió en una historia de Cenicienta más. Aseguró su lugar en la historia del fútbol americano como el mejor jugador de todos los tiempos.

Brady y los Tampa Bay Buccaneers dejaron a más de uno sin habla cuando el equipo lo firmó a un acuerdo de dos años y 50 millones de dólares. El equipo había terminado el 2019 con un decepcionante récord de 7-9. Los directivos pensaron que tenían una excelente base sobre la que construir, por lo que fichar a Brady fue un riesgo calculado que creó inmediatez a sus esfuerzos. Resulta que consiguieron una ganga.

Brady aportó una mentalidad guerrera que llevó a sus compañeros a jugar uno de los mejores partidos de su carrera. Su voluntad de ganar cambió por completo con la incorporación de Brady a la mezcla. Brady se convirtió en el multiplicador «una vez más» definitivo.

Como ha hecho a lo largo de su carrera, **Brady también dejó claro lo que espera de sus compañeros de equipo.** Ha sido consistente en su creencia de que «no se puede salir a entrenar mediocremente el miércoles, mediocremente el jueves, bien el viernes, y luego esperar jugar bien el domingo». El escenario ya estaba listo. Como suelen hacer los multiplicadores, reclutó a un montón de talentosos jugadores de habilidad que querían jugar en un equipo de Tom Brady.

Quédate con esto: los multiplicadores «una vez más» atraen a más multiplicadores «una vez más».

Poco después de fichar a Brady, los Bucs incorporaron a Leonard Fournette como corredor. Negociaron con los Patriots por Rob Gronkowski. Y contrataron a Antonio Brown como agente libre a finales de la temporada. En el proceso, el equipo dio un giro y terminó 11-5 en la temporada regular.

«Para mí, el fútbol americano tiene mucho que ver con la fortaleza mental. Es profundizar, hacer lo que sea necesario para ayudar a un equipo a ganar, y eso viene en muchas formas», dijo Brady a principios de su carrera. Y eso es exactamente lo que hizo en la temporada 2020.

Puede que no sea lo primero que te venga a la mente, pero una de las formas de hacer lo que sea es la capacidad de un multiplicador «una vez más» para atraer talentos altamente cualificados, lo cual es fundamental a la hora de construir un equipo campeón. ¿Por qué era tan importante en este caso? Porque aparte de un gol de campo de Ryan Succop, Brady y esos «una vez más» fueron responsables de todas las anotaciones en la victoria de los Bucs por 31-9 en la Super Bowl.

El logro de Brady fue impresionante. Se convirtió en el primer deportista profesional de cualquiera de los cuatro principales deportes estadounidenses en ganar un campeonato con dos equipos diferentes después de cumplir los 40 años. También se convirtió en el primer jugador de la historia de la NFL en derrotar a tres antiguos *MVP* de la Super Bowl en la misma postemporada, ganando a Drew Brees de los Saints, a Aaron Rodgers de los Packers y a Patrick Mahomes de los Chiefs. ¡Brady los superó a todos!

Tom Brady marca la pauta como multiplicador «una vez más» aportando ecuanimidad y una ética de trabajo inigualable, inteligencia y una expectativa inflexible hacia los demás. Se le ha citado miles de veces a lo largo de su carrera. Para mí, la cita que resume quién es Tom Brady y lo que aporta a su equipo es lo que dijo cuando alguien le preguntó una vez cuál era su anillo de la Super Bowl favorito.

Tom se limitó a responder: «El siguiente».

Añadir el tipo correcto de multiplicador «una vez más»

Aunque es innegable su talento, sería un completo desperdicio tener dos Peyton Mannings en un mismo equipo. Manning necesitaba receptores igualmente dotados para atrapar sus pases. Sin receptores tan hábiles como Marvin Harrison, los logros de Manning seguirían siendo considerables. ¿Pero serían legendarios?

Por su parte, Harrison no lo hizo mal jugando con Manning. El ocho veces Pro Bowler terminó su carrera con más de 14.000 yardas de recepción. Sus 1.102 recepciones son las segundas, después de Jerry Rice, con más recepciones de todos los tiempos. De ellas, 971 fueron capturas de Manning. Juntos, poseen todos los récords más importantes de *quarterback* a receptor. Eso incluye el mayor número de *touchdowns*, de pases completos y de yardas.

Si se añade el tipo adecuado de pieza «una vez más», se crea un efecto multiplicador. Esa sinergia suele desafiar la descripción. Dos personas, o un equipo de varias personas, en sintonía con sus normas y objetivos, suelen elevarse y derrotar a equipos con más talento que no poseen la misma dinámica.

Trabajar con multiplicadores «una vez más»

La pieza «una vez más» de un rompecabezas en los negocios, los deportes o cualquier esfuerzo de equipo cambia el nivel de energía, las interacciones y los resultados en todos los niveles. **Existe un efecto de goteo cuando las personas se** comprometen con el liderazgo que un multiplicador «una vez más» aporta a un equipo. Si diriges ese equipo y añades un multiplicador «una vez más», tendrás más éxito si sigues algunas reglas relacionadas con tu multiplicador:

- **Enséñales el panorama general.** Los «una vez más» respetan la claridad y a menudo pueden contribuir en áreas ajenas a sus responsabilidades principales. Al hacerlo, también se convierten en mejores jugadores de equipo por defecto, en lugar de interesarse únicamente por los logros personales impulsados por el ego.

- **Dales voz para que contribuyan.** Los multiplicadores son líderes naturales, aunque normalmente estén interiorizados y sean callados por regla general. Sus logros atraen a otros hacia ellos. Dice Tom Peters: «Los líderes no crean seguidores. Crean más líderes». Cuando muchas piezas del equipo asumen responsabilidades de liderazgo, se aligera la carga para todos. Los compañeros de equipo también respetan a los multiplicadores «una vez más». Escucharán las aportaciones de un multiplicador y confiarán en que su trayectoria producirá resultados positivos continuos.

- **Crea un marco de autonomía.** Tu «una vez más» estará más comprometido y será más productivo si se le permite tomar decisiones de forma independiente cuando sea posible. No lo microgestiones. Delega cuando sea posible. Si se presenta la oportunidad, considera la posibilidad de pedirle a tu estrella que sirva de mentor a otros para desarrollar tanto a la estrella como al aprendiz.

- **Elimina los obstáculos y deja que sean estrellas en lo que mejor saben hacer.** ¿Tienes un supervendedor que pasa demasiado tiempo en el seguimiento del papeleo y en la presentación de informes sin sentido? ¿Pondrías a tu estrella de la informática en un comité de política de recursos humanos? ¿Los contables son, por lo general, buenos vendedores? Coloca estratégicamente a tus multiplicadores «una vez más» en los lugares donde serán más felices y productivos. Y luego déjalos en paz.
- **Desafíalos a competir a un alto nivel.** Eso no siempre viene de los compañeros de equipo. A menudo, un entrenador reta a un jugador «una vez más» a competir contra sí mismo. Si tu promedio de bateo fue de 0.300 el año pasado, ¿qué hace falta para llegar a 0.325 este año? Si el año pasado hiciste 2 millones de euros en ventas, ¿cómo puedes llegar a 2,5 millones este año? Los multiplicadores «una vez más» prosperan con la competencia. Dales las herramientas que necesitan y observa cómo se ponen a trabajar.
- **Como líder, tienes que asegurarte de dejar el ego en la puerta.** Debes poner las necesidades del equipo en primer lugar y elaborar una estrategia para que un multiplicador pueda contribuir de la manera más eficaz e influir en el esfuerzo general.
- **Asegúrate de escuchar los comentarios.** Reconoce la diferencia entre las excusas y los problemas de verdad que frenan a tu multiplicador «una vez más» y a todo tu equipo.
- Sobre todo, **aprende a dejarte llevar en el momento adecuado y a dirigir en el momento adecuado.** Utiliza

los tiempos muertos, los correos electrónicos y las circulares, las reuniones de ventas, los debates de «tenemos que hablar» y otros esfuerzos de comunicación con moderación para obtener el máximo efecto.

Unir fuerzas con un multiplicador «una vez más» es una propuesta desafiante y emocionante. Una vez que lo hagas, no podrás relajarte y ser pasivo. Los multiplicadores no lo tolerarán.

Pon todo tu empeño. Lo necesitarás. Y te garantizo que el esfuerzo merecerá la pena.

14

Un inconveniente más

«La medida definitiva de un hombre
no es su posición en momentos de comodidad
y conveniencia, sino dónde se encuentra
en momentos de desafío y desacuerdo».

—Dr. Martin Luther King, Jr.

HE AQUÍ UN HECHO SIMPLE, PERO IMPORTANTE
SOBRE EL FUNCIONAMIENTO DEL MUNDO.
La comodidad y la grandeza no pueden coexistir. Son
fuerzas diametralmente opuestas. Si puedes aceptar que muchas de las grandes cosas que quieres en la vida serán inconvenientes de principio a fin, estás en camino de convertirte
en un pensador «una vez más».

Los inconvenientes son los retos que debes superar para
tener la oportunidad de lograr algo importante. Estos inconvenientes pueden ser cualquier cosa, desde levantarse a las 5
de la mañana para llegar a una reunión a las 7 de la mañana
con tu profesor cuando estás trabajando en tu máster, o correr
120 kilómetros a la semana para preparar tu primera maratón, aunque tus pies estén ardiendo porque están cubiertos de

ampollas. Puede ser atravesar cuatro meses de náuseas matutinas antes de dar a luz. O trabajar 60 horas a la semana para ser el mejor vendedor de tu empresa.

Pagar el precio de la incomodidad no es garantía de que vayas a tener éxito. Pero si no te incomodas y te enfrentas a las cosas difíciles que tienes delante, no tendrás ninguna posibilidad de acabar donde quieres estar en la vida.

Aceptar los inconvenientes como forma de vida

Piensa en las cosas más extraordinarias con las que has sido bendecido en tu vida. Lo más probable es que hayan comenzado como algo inconveniente. Un campeonato que ganaste. Añadir 11 kilos de músculo y reducir la grasa corporal en un 50 %. Conseguir un aumento de sueldo o un ascenso en el trabajo. Sacrificaste algunas partes de tu vida para alcanzar estos objetivos. Incluso si lo hiciste de buena gana, esos sacrificios vinieron con algún grado de incomodidad unido a ellos.

Sin embargo, al otro lado de todos estos increíbles logros se encuentran los recuerdos, eventos, relaciones y posesiones más excepcionales de tu vida. Por eso, por insólito que parezca, **si quieres una existencia plena y feliz debes aceptar los inconvenientes e incomodidades como forma de vida.**

Permíteme plantearte esta pregunta: si tienes una lista diaria o semanal de «cosas por hacer», ¿cómo atacas esa lista?

A menudo, para sentir que estamos logrando algo, hacemos primero las cosas fáciles. Eso es porque hacer las cosas fáciles suele ser recomendado y, en algunos casos, celebrado.

Celébralo si quieres. Pero todo lo que estás haciendo es celebrar que eres normal y corriente.

¿Qué pasaría si empezaras a atacar tu día haciendo las cosas más difíciles e inconvenientes? No «primero lo primero» o «lo temido primero». **Empieza por hacer primero las cosas difíciles e incómodas.** Hacer cosas difíciles forja el carácter. Te separa de la manada. Cuando haces cosas difíciles, desafiantes e inconvenientes, pronto te darás cuenta de que tus mayores, mejores y más asombrosos sueños están al otro lado de las colinas más altas que debes escalar.

Tampoco es correcto presionarse para hacer cosas incómodas. También hay que disfrutar haciéndolas. Te garantizo que al final serás una persona mucho más feliz. **La satisfacción y la autoestima provienen de la realización de tareas incómodas.**

Pero en lugar de aceptar los inconvenientes, la mayoría de nosotros los evitamos. La desafortunada consecuencia es que nunca nos damos cuenta plenamente de lo que somos capaces y de cuál es la mejor versión de nosotros mismos.

La relación entre inconvenientes y desacuerdos

Cuando decidas hacer algo grande con tu vida, prepárate. **Vas a ser polémico. El desacuerdo es incómodo. La incomodidad hiere a los sensibles.**

Seguir la corriente, ponerse cómodo y relajarse significa que nunca tendrás ningún problema. Nunca te sentirás incómodo. Nunca tendrás inconvenientes. Pero tampoco harás nunca nada importante.

Si eres un líder de cualquier tipo, ya sea un director general, un capitán de un equipo o incluso un líder de tu familia, debes **desafiar también a los que están bajo tu mando a hacer cosas incómodas e inconvenientes.** Es la única manera de que ellos también alcancen la grandeza. Como líder, es parte de lo que tienes que hacer.

Los grandes líderes suelen ser grandes mentores. Son mentores de las personas haciendo que se conviertan en pensadores «una vez más» y que hagan cosas incómodas que generen crecimiento personal y profesional. Debes crear una cultura en tu empresa, tu equipo o tu propia familia de hacer cosas desconocidas, exigentes e incómodas. Si eres diligente en este aspecto, los resultados colectivos serán sorprendentes.

Ahora toma esos logros a corto plazo y aplica la variable del tiempo. **Piensa en las posibilidades cuando acumulas un mes, un año o una década de hacer cosas incómodas.** Cuando puedas crear el hábito de hacer cosas incómodas en tu vida a lo largo del tiempo, ¿te imaginas lo increíble que será tu vida?

La relación entre lo incómodo y la grandeza

Tus mayores sueños nunca se materializan si gravitas hacia la comodidad. La comodidad y tu salud óptima no coexisten. Tu relación ideal nunca nace de la comodidad. Si quieres ser rico, el camino hacia una cuenta bancaria más grande será increíblemente desafiante y de ninguna manera cómodo. **Cuando vives una vida de comodidad, estás en el camino contrario a una vida de grandeza.** Si algo te ha llegado de forma especialmente fácil, puede que te guste el resultado, pero no lo saborearás tanto como otra cosa por la que has tenido que luchar.

Nuestras mentes no solo están programadas para buscar únicamente la comodidad y el confort. Muchos de nosotros también estamos programados para aflojar el acelerador cuando creemos que hemos llegado a donde queremos estar con alguna parte de nuestra vida. A menudo nos decimos a nosotros mismos que solo queremos los mejores resultados, e incluso podemos intentar diseñar una vida que parezca apuntar a un nivel superior. Pero en realidad, **a menudo creamos procesos para evitar inconvenientes y conflictos. Cuando hacemos esto, nos dirigimos hacia una vida que ya existe.**

Para justificar aún más nuestros esfuerzos, incluso recurrimos a otros para que nos confirmen que estamos en el camino correcto. Esas personas a menudo colaboran con nosotros en nuestro autoengaño. No te sientas mal si esto te suena familiar. Le ocurre a mucha gente con mucha frecuencia. También nos comparamos con los demás en lugar de recurrir a nuestros propios valores y capacidades. **Imitar a los demás es un acto de conveniencia.** Cuando nos convertimos en líderes de nuestra propia vida, no copiamos a nadie. Reconocemos que nuestro viaje es solo nuestro. Está bien recurrir a otros como fuentes de inspiración y conocimiento. De hecho, es esencial.

Sin embargo, hay que ser lo suficientemente consciente para saber dónde poner el límite. Debes averiguar cómo seleccionar la información adecuada y utilizarla en tu beneficio. Esto no quiere decir que no debas hacer tu vida más cómoda. Pero debes comprender el papel que desempeña la comodidad en la consecución de tus objetivos de mayor nivel y en el establecimiento de tus estándares de mayor nivel. **Requiere luchar contra tus hábitos preexistentes de trabajar hacia lo conveniente y sustituirlos por hábitos centrados en**

los resultados. Esos resultados son el producto final de pensar en lo que valoras, aplicar un estándar que se alinea con esos valores y producir un resultado que te impulsa hacia una vida más notable y auténtica.

El autor de *best sellers* Haruki Murakami lo expresó mejor cuando dijo: «El trabajo tiene que ser un acto de amor, no un matrimonio por conveniencia». Si solo te interesa alcanzar un nivel de conveniencia, lograrás mucho menos que si haces lo que sea necesario cuando estás comprometido con un nivel superior de grandeza.

Por qué necesitas los inconvenientes en tu vida

Si estás pasando por algo difícil, puede ser una señal de que estás ante algo especial. Podría ser exclusivo o incluso único en la vida. Comprende que hay una gran diferencia entre los inconvenientes y los problemas.

Robert Fulghum, autor de *best sellers* como *Todo lo que realmente necesito saber lo aprendí en el parvulario*, lo explicaba así: «La vida está llena de bultos. Y un grumo en la avena, un nudo en la garganta y un nudo en el pecho no son lo mismo. Uno debería aprender la diferencia».

Aprende a reconocer la diferencia entre un problema y un inconveniente. Una vez que lo hagas, aquí tienes por qué necesitas ese inconveniente en tu vida. Pregunta a cualquier multimillonario si hacerse rico fue cómodo. Puede que disfrutaran del reto, pero también te dirán que fue uno de los viajes más incómodos de su vida.

Si crees que es fácil cuando estás solo en la oficina mientras todos los demás están de fiesta un viernes por la noche...

O estás perdiendo dinero a pesar de que te dejas la piel para intentar vender tu sueño a cualquiera que te escuche...

O estás cansado de la continua y desalentadora tarea de buscar nuevos clientes y oportunidades...

...entonces nunca has pasado por las luchas y desafíos que se necesitan para ser rico, como me sucedió a mí durante años y años.

Aquí hay algo más con lo que todos podemos sentirnos identificados: ¿cuál crees que será la respuesta si le preguntas a alguien cuán fácil fue perder 20, 35, 45 o más kilos? Mucha gente se mantiene gorda por una razón. Todos sabemos que estar gordo es incómodo. Pero para muchas personas, perder peso es un reto aún más incómodo, a pesar de los beneficios evidentes. ¿Crees que es cómodo levantarse e ir al gimnasio en esos días en los que estás dolorido y tienes agujetas porque nunca te has ejercitado de esa manera? ¿Qué te parece preparar toda la comida con antelación, o luchar contra los antojos de comida que te encanta y que es mala para ti? Las adicciones a la comida rápida no siempre reciben la atención que merecen, pero muchos de nosotros no tenemos ninguna posibilidad de enfrentarnos a las tentaciones de velocidad, comodidad y sabor que ofrecen un Whopper o un Big Mac. Incluso el simple hecho de beber casi cuatro litros de agua al día cuando estás enganchado a los refrescos es engañosamente difícil.

La cuestión es esta: la incomodidad es un reto.

La incomodidad no es fácil. Pero a la larga, la comodidad es mucho peor.

Hay otra cosa.

La comodidad nunca es para siempre. Si no te esfuerzas, tarde o temprano lo que tienes desaparecerá. Puede que te lo quiten de golpe. Tu comportamiento poco inspirado y apagado podría hacer que metieras la pata. **O el destino simplemente dirá «basta», y los poderes del universo te pondrán en una serie de circunstancias diferentes. Rara vez esas circunstancias son mejores.**

Los pensadores «una vez más» hacen cosas difíciles e incómodas porque entienden lo que significa hacerlas. **Abordan las cosas difíciles con un sentido de urgencia.** La vida adquiere más sentido cuando te das cuenta de que después de vivir un momento, este se ha ido para siempre. Nunca podrás recuperarlo. **Y el tiempo perdido es uno de los mayores crímenes que puedes cometer contra ti mismo.**

Buscar relaciones incómodas

No puedes navegar solo por este mundo. ¿Qué buscas en una relación? ¿Es la confianza? ¿El respeto? ¿La empatía? ¿La sinceridad? Las buenas relaciones se basan en muchos pilares fundamentales. Pero apuesto a que nunca has pensado que uno de esos pilares es la inconveniencia. La cosa es que las amistades y **las relaciones amorosas construidas por conveniencia no son relaciones de calidad.** Las mejores relaciones no consisten en estar a tu lado solo cuando es conveniente. Se trata de estar a tu lado cuando no lo es.

Cuando tengas problemas...

Cuando necesites ayuda...

Tus allegados se unirán a ti y estarán dispuestos a sacrificar alguna parte de su ser, aunque les resulte inconveniente. Puede que necesites dinero. O un hombro para llorar. Quizá tu coche se haya estropeado y necesites que te lleven y traigan del trabajo durante una semana. Puede ser algo tan sencillo como ser un buen oyente. **Reconoce la diferencia entre alguien que se toma tiempo para hablar contigo cuando tiene tiempo libre y alguien que libera su tiempo para hablar contigo.**

¿Ves la diferencia?

Con el tiempo, las relaciones de conveniencia se revelan de muchas maneras. **Pero lo que más importa es un solo acto de revelación en los momentos de inconveniencia.** Los buenos amigos y amantes dicen verdades incómodas, no para herirte, sino para ayudarte. En lugar de enfadarte, sé agradecido. **Trata la verdad como si fuera oro, incluso cuando te duela.**

Soportar un sacrificio cuando algo no te afecta directamente es inconveniente. También es el sello distintivo del tipo de personas que quieres en tu vida. El sacrificio va más allá de la conveniencia. Responder a las molestias de otra persona construye puentes que pueden durar toda la vida. **Lo mismo se aplica a tu relación con tu Dios. La fe construida sobre la conveniencia no es más que una fe vacía.** Nunca disfrutarás de una relación estrecha y espiritual con tu Dios hasta que le pidas ayuda cuando no sea conveniente. Busca relaciones que puedan soportar los rigores de la vida y los inconvenientes con los que ambas partes necesitarán ayuda a lo largo del tiempo.

¿Quieres comodidad? Eso es mejor dejarlo para una visita a un restaurante de comida rápida para una hamburguesa con queso. Quieres personas en tu vida que estén contentas y dispuestas a aceptar las consecuencias de los inconvenientes. **Es un reflejo directo de su carácter y de su nivel de respeto por ti.**

Aprovechar el tipo de inconveniente adecuado

Hazte estas preguntas.

- ¿Qué tipo de vida quiero llevar?
- ¿Quiénes son las personas que quiero en mi vida?
- ¿Cuáles son mis estándares para alcanzar los objetivos que tengo?

¿Conseguirás las respuestas que quieres viviendo una vida cómoda? Te ahorraré la molestia de tener que pensar en ello. La respuesta es un gran y enorme...

¡NO!

Cuando tengas estas respuestas, estarás en camino de entender cuántos y qué tipo de inconvenientes tolerarás en tu vida. ¿Cómo sabrás si estas respuestas son tu verdad o no?

Es simple.

Las mejores y más productivas personas del mundo persiguen los inconvenientes y los manejan con un temperamento de ecuanimidad. La ecuanimidad es la clave. Cuando puedas lograr la calma mental, la compostura y el control, especialmente en una situación difícil, sabrás que has aprovechado el tipo de inconveniente adecuado.

La incomodidad es un corolario directo de la cantidad de compromiso que se tiene. Como explica el legendario motivador Ken Blanchard, «hay una diferencia entre el interés y el compromiso. Cuando uno está interesado en hacer algo, lo hace solo cuando le conviene. Cuando está comprometido con algo, no acepta excusas, solo resultados».

Cuando aceptas solo los resultados, estás practicando una forma de ecuanimidad. Como solo aceptas un resultado, las distracciones y un menor nivel de rendimiento desaparecen. Estás tranquilo y sereno porque tu camino está claro.

La ecuanimidad, es decir la igualdad y constancia de ánimo, es esencial cuando haces cosas incómodas. Sin ella, acabarás por agotarte. **No puedes mantener los esfuerzos incómodos y elevarte a otro nivel a menos que te acerques a la vida con la mentalidad adecuada.** Aunque la ecuanimidad sea esencial, ser demasiado ecuánime tampoco es bueno.

Algunas personas son realmente tranquilas. Demasiado tranquilas. Tienen mucha ecuanimidad en sus vidas. Pero nunca intentan nada difícil. Eso crea una falsa sensación de ecuanimidad. Para tener éxito, debes combinar inconvenientes y ecuanimidad. La ecuanimidad es una forma de control emocional arraigada en tus pensamientos. Los hechos incómodos se basan en tus acciones.

No es fácil. He luchado con esto a lo largo de los años. He sido bastante bueno haciendo cosas difíciles, pero no siempre con la ecuanimidad necesaria. Lo he conseguido, pero con más caos y estrés del necesario. No soy el único. Muchos megatriunfadores hacen cosas incómodas todos los días. Pero no son felices.

A esas personas les digo lo siguiente: **si no puedes disfrutar con ecuanimidad de las bellas recompensas que se te conceden, no estás viviendo tu mejor vida.**

La incomodidad es esencial, pero debes asegurarte de practicarla de la manera correcta para lograr los mejores resultados posibles en tu vida.

15

Definir el liderazgo «una vez más»

«Si quieres levantarte a ti mismo,
levanta a otra persona».

—Booker T. Washington

EL CONCEPTO DE LIDERAZGO ES TAN ANTIGUO
COMO LA CIVILIZACIÓN MISMA, y dudo que haya un
tema de desarrollo personal sobre el que se haya estudiado o
escrito más.

Entonces, ¿qué significa ser un líder «una vez más»?

**Tal y como yo lo defino, eres un líder «una vez más»
si ayudas a las personas a hacer cosas que no lograrían sin
tu presencia.** Si no puedes hacer eso como líder, no eres
necesario.

Te des cuenta o no, **ya eres un líder.** Como mínimo, te
lideras a ti mismo. También puedes liderar a tu familia, a tus
empleados, a tus compañeros de equipo, cuando practicas tu
doctrina religiosa, y de varias otras maneras.

Para nuestro propósito, la pregunta se convierte entonces en: «¿Cómo puedo utilizar el concepto de "una vez más"
para ser mejor en el liderazgo de los demás?».

Hay quienes sostienen que las personas nacen siendo líderes. Puede que sea así, pero también creo firmemente que **el liderazgo es un rasgo aprendido**. Todo el mundo tiene la capacidad de ser un líder eficaz si se decide a trabajar en ello.

Para ello, hay que empezar por examinar más detenidamente cuáles son los elementos del liderazgo.

Los elementos del liderazgo

He tenido el honor de ser un líder en mi familia, en equipos deportivos, en múltiples empresas y en varias otras capacidades en mi vida.

Lo que voy a compartir son elementos universales de liderazgo que trascienden quién eres o en qué momento de tu vida te encuentras, ya seas un deportista, un entrenador, un padre o un líder empresarial. Estos elementos incluyen:

- vender un gran sueño;
- todos nacemos con dones únicos;
- seis necesidades básicas que nos impulsan.

Vender un gran sueño

Como líder, es fundamental que vendas un gran sueño. Permíteme ilustrar este poderoso aspecto.

Tienes que vender un sueño lo suficientemente grande como para que los sueños de todos los que diriges puedan caber dentro del que estás vendiendo.

Por ejemplo, si eres el entrenador de fútbol americano de Clemson, Dabo Sweeney, podrías vender la idea de que no solo todo el mundo encaja en el sueño; sino que el sueño también podría ser histórico, uno que será recordado para siempre. Esto podría significar ir invicto, tener un número récord de jugadores reclutados en la NFL, o establecer otras marcas de rendimiento que nunca se han logrado antes.

Dar a la gente la sensación de que está involucrada en algo histórico es un paso clave para construir una cultura. Esa cultura significa que cada jugador individual y todas las personas relacionadas con el equipo participan en un sueño mayor.

Un sueño mucho más grande de lo que pueden imaginar por sí mismos.

Otro elemento fundamental es que, cuando trabajes con las personas que diriges, tienes que ayudarles a entender que, al hacer historia, también están marcando la diferencia en sus vidas y en muchas otras.

Piensa en grande.

Atrévete a desafiarte a hacer historia.

Habla más alto.

Vende a los demás la idea de que el gran sueño marca la diferencia.

Actúa más.

Haz el trabajo duro que supone vender el sueño y deja que tu gente te vea haciéndolo.

¿Estás captando esto?

El liderazgo consiste en ejecutar muy bien las cosas pequeñas, pero pensar y hablar repetidamente de las grandes. **Tu prioridad número uno es vender un gran sueño,** probablemente más grande que el que estás pensando ahora. Tiene que ser universal.

Como padre, debes vender un sueño lo suficientemente grande como para que tu pareja y tus hijos puedan verse a sí mismos dentro del sueño que estás vendiendo.

Si diriges una iglesia, tu sueño debe ser lo suficientemente grande como para que todos los miembros de la congregación puedan encajar en él sus sueños y aspiraciones.

Como líder empresarial, el sueño debe ser lo suficientemente grande como para que cada empleado pueda verse también dentro de ese sueño. Si diriges una gran empresa manufacturera, tienes que vender un sueño lo suficientemente grande como para poder satisfacer las necesidades de tus clientes porque puedes satisfacer los sueños de todos los que diriges en esa empresa.

Hay muy pocos líderes en el mundo actual que vendan un sueño lo suficientemente grande. Muéstrame un gran líder y te mostraré un líder que vende un gran sueño que captura los corazones, los deseos y las emociones de todos los que dirigen.

El sueño que vendes como líder familiar o empresarial debe englobar tus valores y tu visión. Un sueño es lo que defiendes, tu visión de futuro y la diferencia que vas a marcar en el mundo.

¿Por qué es tan importante?

Como líder, estás en un lugar diferente al de los demás. Como líder, por definición, estás al frente. Tienes un punto de vista y una perspectiva diferentes a los de las personas que están detrás de ti. Tu trabajo es decirles a esas personas lo que tú ves.

Dile a esa gente lo increíble que va a ser y sigue diciéndoselo una y otra vez. Es tu obligación como líder, solo por posición, hacer esto con eficacia. Desde su posición, no pueden verlo como tú. Por lo tanto, debes hacer que lo vean desde tu posición.

Este es otro punto fundamental:

Todas las personas a las que diriges no tienen por qué creer lo que dices.

¿No es una locura?

Solo necesitan creer que TÚ crees en lo que dices.

Demasiados líderes intentan constantemente que la gente se crea lo que dicen. Eso da la impresión de ser desesperado y débil. Los grandes líderes solo necesitan conseguir que los demás crean que ellos mismos creen lo que están diciendo.

Todos nacemos con dones únicos

Cada persona nace con talentos y genialidades individuales. Yo los llamo dones únicos.

Algunos ya los tienes al nacer y otros se desarrollan con el tiempo. Como líder, **si identificas estos dones únicos en las personas, puedes dirigirlas de una manera que nadie más puede.** Te distingues como líder cuando eres capaz de hacer esto.

Estos dones pueden ser el humor, el intelecto, la resistencia, la fe o la bondad. Alguien a quien diriges puede ser bendecido con dureza mental, honestidad, ambición, creatividad, generosidad, lealtad, etc. Los diferentes tipos de dones únicos son ilimitados. **Esta capacidad de identificar estos dones y luego vincularlos al sueño que estás vendiendo es fundamental en tu esfuerzo por dirigir a las personas bajo tu mando.**

La otra cosa que he descubierto es que, en su mayor parte, nadie les ha señalado estos dones únicos. **Normalmente, las personas tienen un sentido innato de sus dones únicos,**

pero en muchos casos, están desaprovechados porque no ha habido un esfuerzo conjunto sobre la mejor manera de aplicarlos. La mayoría de las personas nunca conocen a un verdadero líder en su vida y, como resultado, nunca desarrollan su verdadero potencial aprovechando estos dones.

Para aprovechar el potencial de una persona, hay que identificar cuáles son sus dones y luego aplicarlos a una causa que conmueva su corazón. Ese es tu trabajo como líder.

Al validar estos dones únicos, lo que una persona ha sospechado sobre sí misma se convierte ahora en su verdad. Se llenan de más confianza y se arman con una comprensión de cómo encajan en un plan de juego general. Como resultado, crearán más valor para el sueño y lograrán más de lo que jamás creyeron posible por sí mismos.

Seis necesidades básicas que nos impulsan

Ten en cuenta las palabras de mi amigo Tony Robbins: «Cuanto más entiendas lo que alguien quiere, necesita y teme, más podrás averiguar cómo añadir valor».

Tony y yo somos de los muchos que suscriben la idea de que hay seis necesidades humanas básicas. Son estas:

- Certeza.
- Incertidumbre y variedad.
- Importancia.
- Amor y conexión.
- Crecimiento.
- Contribución.

Normalmente se habla de ellas en términos de encontrar tu nivel de felicidad. Pero quiero situarlas en el contexto de cómo aprovechar estas seis necesidades básicas cuando lideras a otros. Tu objetivo es averiguar también cómo satisfacer estas necesidades de las personas que diriges.

Idealmente, todo el mundo quiere tener cubiertas las seis necesidades básicas en todo momento. En realidad, la mayoría de la gente tiende a centrarse en dos o tres que son las más importantes para ellos en un momento determinado.

Veamos con más detalle cada una de estas necesidades.

- **Certeza.** Las personas que quieren certeza en sus vidas necesitan que les asegures que puedes proporcionarles un entorno estable. **Valoran la seguridad y una rutina continua.** Temen al cambio y a menudo lo equiparan con algún tipo de proceso incómodo, intimidante o doloroso.

  Supongamos que vas a dirigir a alguien para quien su principal necesidad básica es la certeza. En ese caso, le vas a hablar de forma diferente a como lo harías con alguien que valora más otras necesidades básicas, como la importancia.

  Imagina que eres capaz de lanzar un gran sueño, identificar los dones de esta persona y luego determinar cuáles son sus necesidades básicas más importantes. ¿Te imaginas lo productiva y feliz que va a ser esta persona cuando valore la certeza y eso es lo que tú le das?

- **Incertidumbre y variedad.** Los que prosperan con la incertidumbre y la variedad se sienten estimulados por lo desconocido y el cambio. Temen estancarse en la rutina o hacer lo mismo todos los días. Quieren tareas nuevas, emocionantes y diferentes con la mayor frecuencia posible.

Al dirigir a estas personas, hay que promover el sueño, identificar los dones de estas personas y luego ponerlas en puestos que les den el tipo de variedad que desean.

- **Importancia.** Cuando las personas buscan la importancia, **quieren saber que sus esfuerzos son valorados y significativos.** Quieren que se les reconozca, y a menudo esto es más importante para ellos que el dinero. Les gusta ser el centro de atención y trabajarán duro si saben que sus esfuerzos van acompañados de una recompensa de alto nivel.

  Si vas a liderar a personas que están impulsadas por la importancia, tienes que **llenarlas de reconocimiento en cada oportunidad posible.**

  Por ejemplo, si entrenas a un equipo, te corresponde crear una cultura que promueva la importancia de los jugadores. Si eres padre, te corresponde asegurarte de elogiar a los hijos que valoran la importancia y el reconocimiento. Supongamos que eres un líder empresarial y que tienes personas en tu organización que son competitivas y están orientadas a los resultados. En ese caso, te corresponde crear un marco que vincule los dones de esas personas con sus principales necesidades de reconocimiento.

- **Amor y conexión.** El amor es la más fuerte de las emociones. **Existe una necesidad universal en todos nosotros de sentir una conexión y cercanía con otra persona o causa.** Los mejores poemas y canciones jamás creados tienen que ver con el amor. Las guerras se han librado por amor a la patria. Y si alguna vez dudas del poder y la universalidad del amor, no busques más que el amor de una madre o un padre por sus hijos.

Las personas impulsadas por el amor y la conexión quieren pertenecer a una causa más grande que ellas. Tanto si estás en un negocio, entrenas a un equipo o estás en cualquier otra situación en la que dirijas a un grupo de personas con muchos miembros impulsados por el amor, tienes que comunicarles que son parte de una familia.

Tienes que hacer que estas personas sientan que son aceptadas, cuidadas y amadas. Házselo saber a estas personas con frecuencia.

Imagina que diriges a una o varias personas que se dejan llevar por el amor y les sueltas mensajes de importancia o variedad. Pueden ser grandes mensajes, pero los estás aplicando a las personas equivocadas.

Además, **no hagas que los mensajes giren en torno a tus necesidades.** Esto se aplica en todos los casos, pero como ejemplo, aunque valores cosas, como la certeza o la importancia, no deberías enviar ese tipo de mensajes si las personas a las que diriges valoran mucho el amor.

Como líder, tus mensajes deben estar dirigidos a las personas que diriges.

- **Crecimiento.** Otros valoran mucho el crecimiento de sus mentes, habilidades y experiencias. Tienes que satisfacer esa necesidad **poniendo retos delante de estas personas y dándoles la sensación de que están creciendo como parte de tu organización.** Esto les da energía. Se entusiasman cuando se les pide que resuelvan problemas de creciente magnitud y complejidad.

Si eres entrenador, tienes que hacer saber a tus jugadores que están mejorando sus habilidades. Como líder empresarial, cuando diriges a alguien que valora el crecimiento, tienes que hacerle saber que está creciendo debido a todo el trabajo duro que está haciendo en relación con el sueño y la visión que tú has creado para ellos.

- **Contribución.** A otros les mueve la necesidad de contribuir. Algunas personas sienten que están en su mejor momento cuando ayudan a los demás con su servicio o experiencia para apoyar una causa o un objetivo. A estas personas no les mueve la importancia o el reconocimiento. Puede que no les importe la certeza o la incertidumbre.

  Para sentirse valorados y realizados, **necesitan saber que están contribuyendo y marcando la diferencia.** Es necesario enviar este tipo de mensajes con regularidad.

Las necesidades básicas pueden cambiar con el tiempo

Como gran líder, también tienes que entender que las necesidades de cada persona pueden cambiar con el tiempo. Cuando era más joven, para sacar lo mejor de mí, era necesario vincular la competencia, el reconocimiento y el crecimiento con lo que necesitaba hacer.

A lo largo de mi vida adulta, me he sentido realizado con mucha importancia y reconocimiento. También he sido bendecido con mucha certeza, variedad y amor. Sin embargo, con el tiempo, mis necesidades han evolucionado. Y ahora, si me estás guiando, necesitas conectar conmigo con la necesidad primaria de contribución.

Eso no ocurría hace 15 años. Si quisieras convencerme de que fuera a hablar a tu grupo, ¿sabes cómo me venderías que lo hiciera? Tendrían que decirme que habría miles de personas que me adorarían, que me aplaudirían, que saltarían y que me dirían lo increíble que lo había hecho cuando terminara, porque yo estaba muy orientado a la importancia y al reconocimiento.

Ahora, si utilizas esas razones para tratar de convencerme de que vaya a hablar a tu grupo, eso no me estimularía, y probablemente lo rechazaría. Pero si te pones en contacto conmigo y me dices que si hablo a tu grupo, eso supondrá una gran diferencia en la vida de esas personas, cambiará la dirección de su empresa y supondrá una gran contribución, entonces ahí me tendrás.

¿Ves la diferencia de cómo un mensaje diferente en un momento diferente me haría actuar?

Mi principal necesidad básica ahora es la contribución. **Es la razón por la que estoy escribiendo este libro.**

No escribo este libro para que millones de personas reconozcan mi trabajo, aunque eso estaría bien. **Escribo este libro porque creo que ayudará a cambiar la vida de millones de personas. Quiero ayudar a la gente a satisfacer sus necesidades básicas más importantes. Al hacerlo, estoy satisfaciendo también mi propia necesidad básica más importante.**

Para convertirte en un gran líder, debes fijarte menos en quién eres y más en las personas que diriges. Son ellos a quienes les pides que produzcan resultados en nombre de tu objetivo. **Cuando son eficaces porque se satisfacen sus** necesidades, las tuyas se satisfacen por defecto. Y todos los miembros del grupo se benefician.

Esto es cierto tanto si eres un padre, un entrenador de un equipo deportivo, el propietario de una pequeña empresa o el director general de una compañía de la lista Fortune 500.

Valida tu liderazgo dando ejemplo

Quiero que recuerdes esto: la mayoría de las cosas en la vida se aprenden, no se enseñan.

La mayoría de la gente aprenderá mucho más en la vida observando lo que tú haces que lo que hacen ellos cuando simplemente intentas enseñarles.

Exigirse a sí mismo un estándar más alto es esencial cuando se dirige a otras personas.

Si lo que pides a los demás no es coherente con lo que te pides a ti mismo, las personas a las que diriges lo reconocerán rápidamente y habrás socavado tus propios esfuerzos.

Tu ejemplo de liderazgo comienza reforzando constantemente el gran sueño y asegurándote de que todos sepan que forman parte de ese sueño. Además, tómate el tiempo necesario para averiguar cuáles son los dones únicos de cada persona y demuestra tu voluntad de asegurarte de que las necesidades básicas de los demás están cubiertas.

Más concretamente, haz siempre una vez más. Preséntate una hora antes que los demás en la oficina. Haz un contacto comercial más que los demás. Dedica un nivel más de preparación a las presentaciones y reuniones.

Recuerda: todos los ojos están puestos en ti.

Dar un mal ejemplo te condena a ti y a tu sueño al fracaso. Si tienes problemas para convertirte en un líder eficaz, el primer lugar donde debes buscar la mejora es en ti mismo. **No puedes pedirle a los demás que rindan a un alto nivel si primero no te lo pides a ti mismo.**

Ahora que hemos definido lo que es el liderazgo, veamos cómo podemos poner en práctica estos elementos.

16

Una vez más y mis 11 principios de liderazgo

«El análisis de una organización no está en su talento. Está en su capacidad para hacer que la gente común logre un rendimiento poco común».

—PETER F. DRUCKER

HE DEFINIDO LOS ELEMENTOS DEL LIDERAZGO Y LO QUE SE NECESITA PARA SER LÍDER «UNA VEZ MÁS». Para poner en práctica esos elementos, sigo varios principios clave de liderazgo. Al poner en práctica estos principios, he obtenido resultados significativos para mí a lo largo de los años. Tú puedes beneficiarte incorporándolos también a tu estilo de liderazgo.

Ten en cuenta que, **como el liderazgo es un proceso de aprendizaje permanente,** esta lista es dinámica. A medida que continúo creciendo, añado y quito cosas de esta lista de vez en cuando.

Estos son los 11 principios de liderazgo que practico actualmente.

1. Conviértete en un evangelista

Según el diccionario en inglés Merriam-Webster, una de las definiciones de «evangelista» es alguien que habla de algo con gran entusiasmo.

Los mejores líderes hacen partícipes a los demás de su causa. Son evangelistas de sus sueños.

Al igual que un perro pastor que guía un rebaño, **un gran líder se ocupa de la evangelización en forma de compañerismo, discipulado y servicio.** He tenido el privilegio de conocer a Steve Wozniak, uno de los fundadores de Apple. Por curiosidad, le pregunté cuáles eran los dones de Steve Jobs. ¿Qué era lo que le hacía excelente? Esperaba oír que era muy trabajador, resiliente o increíblemente brillante intelectualmente.

Pero eso no es lo que me dijo.

Me dijo que **Steve Jobs tenía una capacidad asombrosa para vender el sueño,** que era evangélico con la causa de Apple y que el evangelismo era contagioso en toda la empresa.

El evangelismo es la transferencia de los sueños que vendes a los que lideras para que puedas proyectar una energía contagiosa al resto del mundo.

Liderar mediante el compañerismo refuerza el vínculo entre tú y tus empleados, clientes o familiares.

El discipulado significa que puedes transmitir eficazmente tus creencias como líder a los que están bajo tu mando.

El servicio en el liderazgo consiste en satisfacer las necesidades básicas de los que están a tu cargo. Esto significa reconocer a tus empleados por un trabajo bien hecho o amar a los miembros de tu familia con regularidad.

2. Escucha y observa

Es imposible ser un gran líder si no observas las circunstancias y a las personas que diriges. **Esta capacidad de escuchar y observar te ayuda a identificar los dones y talentos de las personas que te rodean.**

Esto no puede hacerse de forma vacía o al azar. Debes ser intencional y prestar atención incluso a los detalles más pequeños. **Nunca pienses en absorber estos detalles como una obligación. Piensa en ello como una inversión.**

Como líder, si no puedes frenar lo suficiente y tomarte un par de minutos extra para entrar en los detalles de las personas que diriges, entonces estás dejando un gran montón de oportunidades y potencial sin aprovechar sobre la mesa. Una cosa es mirar el currículum de una persona o ver cómo se comporta en una entrevista y otra cosa es **mirar más allá de las mediciones formales para comprender plenamente los dones únicos de una persona.**

Si eres el entrenador de un equipo de fútbol americano, parte de lo que debes hacer es mirar las estadísticas de un jugador para ver lo que puede lograr en el campo. Sin embargo, también tienes que entender qué tipo de presencia tiene en el vestuario. ¿Es una fuerza positiva que anima a los demás jugadores? ¿Se esfuerza al máximo en cada entrenamiento? ¿Se queda hasta tarde y trabaja duro para mejorar las partes de su manera de jugar que necesitan más trabajo?

Las acciones dicen mucho de las personas que quieres en tu equipo y de cómo vas a dirigirlas.

3. Los líderes sabios construyen a otros líderes

Los líderes sabios no acaparan las oportunidades de liderazgo. En cambio, buscan activamente el crecimiento y el desarrollo de otros líderes.

El trabajo número uno de un líder es desarrollar nuevos líderes.

Algunos líderes se sienten intimidados por el desarrollo de otros líderes a su alrededor. Se sienten amenazados y prefieren mantener el poder en sus propias manos. No se dan cuenta de que **cuando forman líderes, aligeran su carga, crean lealtad y hacen que el equipo en general sea más fuerte.**

Piensa en un padre que enseña a su hijo adolescente a conducir. Cuando ese niño obtiene el carné de conducir, ha dado un gran paso adelante en su crecimiento personal. Ahora tiene más libertad, más opciones y puede ayudar a toda la familia haciendo recados al supermercado o llevando a sus hermanos pequeños a los entrenamientos o a los partidos. Como resultado, el adolescente es más feliz, más independiente y confía en sí mismo a la hora de asumir retos más importantes. La dinámica familiar se ha reconfigurado y los padres son ahora libres de reclamar su tiempo para hacer otras cosas productivas y agradables.

Esto también es aplicable a las empresas. De hecho, una de las principales métricas de satisfacción laboral que suelen citar los empleados es la posibilidad de avanzar en una empresa como parte de una trayectoria profesional más amplia. Los empleados con talento suelen irse en busca de trabajos mejores cuando sienten que se han estancado o no se les da la oportunidad de asumir un papel más activo como líderes en una empresa.

Los equipos no son diferentes. **Muéstrame cualquier gran equipo y te mostraré uno liderado por grandes jugadores y grandes entrenadores.** Piensa en todos los campeonatos que LeBron James o Michael Jordan ganaron como jugadores. Por supuesto, los entrenadores fueron fundamentales para su éxito, pero fue su liderazgo como jugadores lo que marcó la diferencia entre ganar campeonatos o no.

4. Ama, cree, cuida y muéstrale a la gente cómo vivir mejor

Muchos de los principios de liderazgo que utilizo hoy los aprendí de un grupo de niños de 8 a 10 años.

Poco después de la universidad, fui bendecido con la oportunidad de trabajar en McKinley Home for Boys como consejero juvenil. No sabía que cuando entré por primera vez en el edificio 8 todo mi mundo cambiaría.

En aquella época, el McKinley era un hogar para chicos huérfanos o víctimas de abusos, con padres encarcelados o que no tenían ningún otro adulto que pudiera hacerse cargo de ellos por diversas razones. Desde mi primer día, me encontré en una posición en la que **todo lo que esos chicos querían de mí era que los quisiera, que creyera en ellos, que me preocupara por ellos y que les mostrara cómo vivir mejor.** Y francamente, no me sentía capacitado para hacerlo en ese momento.

Al igual que yo, **muchos de vosotros probablemente no os sintáis calificados en este momento para ser líderes.** Cuando te sientas así, recurre a este pensamiento al que suelo hacer referencia: «Dios no llama a los calificados, califica a los llamados». En McKinley no me sentía calificado, pero entendí que tenía que estar allí.

Desde entonces, uno de los secretos de la vida que he aprendido es que todas las personas de cualquier edad quieren las mismas cosas que esos chicos. Si eres un alto ejecutivo, cuando un ejecutivo de 35 años entra en tu oficina, lo principal que quiere de ti como líder es que le quieras, le cuides, le creas y le muestres cómo vivir mejor.

Si vas a ser un gran líder, tu éxito está directamente relacionado con estas cosas. Cuando puedas incorporarlas, conseguirás que la gente haga lo que de otro modo no haría sin tu presencia.

Muy a menudo, perdemos oportunidades de marcar la diferencia de esta manera. El tiempo que pasé en McKinley me enseñó que se **puede marcar la diferencia como líder en cualquier momento y en cualquier lugar.** Incluso los más pequeños actos de ánimo y amabilidad pueden marcar una gran diferencia en la vida de las personas que te rodean.

Esta es la definición definitiva de liderazgo.

5. Repetición, repetición, repetición

El liderazgo no consiste en decir cosas nuevas a gente conocida, sino en decir cosas viejas a gente nueva.

Muy a menudo, como líderes nos esforzamos demasiado en idear cosas nuevas que decir a nuestro equipo. La cosa es que **los grandes líderes están dispuestos a repetirse una y otra vez.** Yo llamo a esto «**sufrir de fatiga de liderazgo**» porque te cansas de oírte decir las mismas cosas una y otra vez. Pero la verdad es que necesitas superar esta fatiga porque **es**

tu capacidad de decir las mismas cosas repetidamente lo que crea una cultura en tu organización.

Debes reforzar constantemente tus mensajes y vender tu sueño a los demás para que comprendan plenamente tu objetivo como líder. Esto también refuerza la necesidad básica de certeza en muchas personas. **Tus mensajes deben ser sencillos** para que todos puedan entenderlos con claridad. Trata estos mensajes y el número de veces que los repites como una cruzada.

Todos los empresarios de éxito son así. Cuando los conoces, sabes exactamente a qué se dedican. Su reputación les precede. Así es como construyen una marca de éxito. **Crean ideas positivas preexistentes sobre quiénes son y lo que representan a través de una repetición continua que sea memorable y fácil de entender.**

En todos los casos, cualquiera que sea el medio que utilices debe ser coherente en esta repetición. Como empresario, tu *marketing*, las redes sociales, los materiales de venta, los correos electrónicos y cualquier otra pieza de divulgación deben reforzar tu objetivo. Si quieres socavar tus esfuerzos, emite mensajes confusos y contradictorios y verás qué éxito tienes.

La crianza eficaz también requiere repetición. Debes expresar constantemente tus valores, creencias y expectativas a tus hijos. No des por sentado que puedes decir algo una vez y que el niño lo asimilará y lo recordará.

Como líder, **tienes que llegar a un punto en el que cada persona que diriges pueda repetir tu mensaje de forma contagiosa.** Eso hace que las personas que diriges sean tus activos más significativos en la búsqueda de tus sueños.

6. Sé generoso con el reconocimiento

Busca constantemente formas de reconocer a las personas.

Si vas a construir una gran organización, tiene que estar basada en la competencia y en el reconocimiento de los logros. **Todas las grandes organizaciones son competitivas. Fomentan esa mentalidad y reconocen los logros. El reconocimiento es fundamental.**

Reconocer a las personas por ser pensadores y hacedores «una vez más» es una gran forma de liderazgo. Por el contrario, si no creas un entorno en el que la competencia y el reconocimiento sean importantes, se pierde la posibilidad de maximizar el potencial en los negocios, la familia o los deportes.

Los líderes eficaces son excelentes para reconocer a las personas. Este principio de liderazgo es muy fácil de aplicar, pero también se pasa por alto con demasiada frecuencia. No debería ser así. **Recuerda que, como necesidad humana básica, las personas prosperan con el reconocimiento para sentirse significativas.**

He descubierto que, aunque la gente suele equiparar el reconocimiento con la importancia, lo que realmente quiere es amor. Después de todo, en la mente de muchas personas, **el reconocimiento es una forma de amor.**

¿Recuerdas cuando éramos niños y nuestros padres reconocían nuestros esfuerzos cuando llevábamos a casa un sobresaliente en un examen o metíamos un par de goles con el equipo del colegio? Nuestra necesidad de reconocimiento era una forma de esperar que nuestros padres reconocieran que nos querían aún más.

Como adultos, nunca perdemos esta necesidad humana básica. Está grabada en nuestro ADN. Por eso, todas las personas que conoces quieren que las quieran, que las cuiden, que crean en ellas y que les muestren cómo hacerlo mejor.

Como líder, la gente te admira. Lo que dices es importante. **Tus palabras tienen un gran significado, y lo que puede parecer un pequeño comentario sin importancia para ti puede significar toda la diferencia del mundo para las personas que están a tu cargo.**

Encuentra siempre una forma de ser alentador. **Encuentra formas de elogiar a las personas en público y en privado.** Hay algo increíblemente poderoso en alabar a una persona delante de sus compañeros. También hay un poder increíble, pero diferente, que proviene de reconocer a alguien con un agradecimiento personal y sincero.

Como líder, también **tienes que ser creativo con el reconocimiento.** No todo tiene que basarse en el rendimiento puro. Parte de ese reconocimiento puede basarse en la ejecución de los principios fundamentales. También puedes reconocer a las personas que hacen cosas pequeñas, como llegar temprano o presentarse a trabajar todos los días a lo largo de un año.

Los premios, las placas y todo tipo de reconocimientos verbales o escritos son formas muy eficaces de reconocer a alguien. Me gusta escribir cartas personales a los hijos de las madres y padres que trabajan para mí, haciéndoles saber lo increíbles que son sus padres. Es una forma de reconocimiento que casi nadie utiliza.

Intento constantemente encontrar formas únicas e innovadoras de reconocer a las personas que dirijo. Es importante crear este tipo de cultura. Recuerda que una de las seis necesidades básicas es la importancia (ver el capítulo 15), y un elemento clave es el reconocimiento. Otra necesidad básica es el amor y, cuando das reconocimiento a las personas, se extiende una forma de amor hacia ellas.

7. Ten una causa, una cruzada y una misión

Muéstrame una gran organización y te mostraré una que está impulsada por una causa y una misión. Estos lugares tienen una mentalidad única y se centran ferozmente en su objetivo final.

Como líder, cuando creas una misión y convences a la gente para que la acepte, es otra forma de satisfacer una necesidad humana básica. En este caso, esa necesidad es la contribución. También es un gran elemento de evangelización cuando se pide a la gente que se una en torno a una causa más grande que ellos mismos.

Una misión tiene dos componentes:

1. **¿En qué creemos?** Hay que definir en qué se cree y luego inspirar a la gente para que se una en torno a esta cruzada. ¿Cuál es nuestra misión y cuáles son nuestros valores fundamentales? ¿Cuáles son los elementos en los que creemos y cómo contribuyen a que creemos un gran lugar para estar?

2. **¿A qué nos enfrentamos?** Una misión debe tener un enemigo. Tiene que haber algo contra lo que estés. Por ejemplo, si diriges un banco de alimentos, entonces estás en contra del hambre. Si tienes un gimnasio, tu enemigo puede ser la obesidad.

Piensa en ello como si formaras parte de una rivalidad deportiva como la de los Red Sox y los Yankees o la de los Lakers y los Celtics. Obviamente, si eres de un equipo, seguro que estás en contra del otro. Una cosa es ganar un campeonato, pero eso pasa al siguiente nivel cuando juegas contra tu rival.

Los mejores enemigos suelen ser algo que intentas erradicar o cambiar. Como director de un refugio para mujeres, estás trabajando para acabar con los abusos domésticos. Si tienes una empresa de gestión de patrimonios, podrías estar intentando cambiar la forma en que la gente invierte el dinero o eliminar las malas decisiones financieras.

Cuanto más fuertes o más emocionales sean ambos componentes, más fácil será guiar a quienes crean en ellos.

Además, al igual que un líder de cualquier gran cruzada, **debes ponerte al frente de tus tropas y dirigirlas.** Debes estar dispuesto a recibir los golpes. **Sé visible y vocal para que vean que estás dispuesto a proteger a los que están bajo tu mando** de las críticas o de las personas que quieren dañar o socavar tus esfuerzos.

Las ventajas del liderazgo recaen sobre todo en ti, y también deberían hacerlo las cargas.

8. Sé auténtico y humilde

Si eres un mentiroso o un farsante, puede que las personas a las que diriges no lo digan, pero lo sabrán.

Cuando se trata de liderazgo, **decir la verdad lo es todo.** La gente aceptará que no seas perfecto. Sin embargo, no aceptarán que no seas honesto. **Cuando cometas un error, no intentes ocultarlo. Reconócelo.**

Te sorprendería lo mucho que te haces querer por la gente cuando simplemente dices: «He cometido un error. Lo siento y lo haré mejor la próxima vez».

Cuando puedes ser sincero con tu propio trabajo, también puedes serlo con el de los demás. Cuando no eres auténtico contigo mismo, es muy difícil crear un ambiente de franqueza.

Del mismo modo, cuando las personas a tu cargo cometen un error, si no hubo malicia, **practica la compasión** porque nadie hace las cosas bien todo el tiempo.

9. Crea una cultura

Las personas se sienten atraídas por un entorno general. Quieren una **cultura en la que la misión, los objetivos y las expectativas estén claramente definidos.**

Una cultura bien diseñada tiene en cuenta las seis necesidades humanas básicas y cómo satisfacerlas. La cultura crea seguridad, amor y crecimiento. El reconocimiento y el sentido de la contribución construyen la moral y el sentido de propósito.

La cultura es fundamental porque crea un lugar en el que todo el mundo ejecuta sus talentos únicos en el presente, y todo el mundo se mantiene centrado en el futuro al mismo tiempo. **Una cultura saludable también valora la transparencia. Las preguntas se aceptan, no se temen.**

Las mejores empresas crean culturas porque los líderes saben que esto les permite contratar a los mejores empleados. Los empleados con talento gravitan hacia empresas con culturas excepcionales porque saben que existen herramientas y recursos que les ayudan a prosperar sin negatividad ni distracciones.

10. Darle a la gente los recursos que necesita para tener éxito

No hay nada peor en la vida que ir a la batalla con la persistente sensación de que no tienes lo suficiente para ganarla.

Como líder, depende de ti equipar adecuadamente a tus tropas para que se sientan seguras ante los retos que les pides que afronten. Si deben preocuparse por lo que no tienen, los pones en clara desventaja.

Darle a tu gente los recursos que necesitan es la batalla que debes librar antes de pedirles que hagan su parte en tu nombre. No se trata de un asunto puntual. Tiene que formar parte de tu cultura. Tiene que ser un proceso constante.

Los recursos no solo se refieren a la formación, el entrenamiento, los suministros, el equipo, las herramientas y un presupuesto amplio. También hay que esforzarse por satisfacer las necesidades humanas básicas de las personas. Cuando comprendas que algunos empleados necesitan seguridad, reconocimiento u oportunidades de crecimiento, y tomes medidas para satisfacer esas necesidades, también estarás dándole a tu gente recursos importantes.

Además, pregúntate qué recursos necesitas para ser un líder eficaz. Como director general, padre, entrenador o en cualquier otra función, debes asegurarte de no descuidar tus propios recursos y necesidades humanas básicas. Si no eres capaz de funcionar al máximo de tu capacidad, socavarás tu eficacia.

11. Construye un movimiento

Muchos de los que estáis leyendo este libro queréis ser algo más que grandes líderes. Queréis construir un movimiento. Queréis crear un cambio masivo a gran escala.

Como recordatorio, la gente no siempre tiene que creer lo que dices. **Solo tienen que creer que tú crees lo que dices.** No obstante, tienes que ser persistente, repetitivo y evangélico en tus esfuerzos.

Construir un movimiento es un proyecto enorme y ambicioso. Los líderes fuertes deben permitir que la gente se vea a sí misma dentro del sueño, reconocer los dones únicos de cada persona, satisfacer las necesidades básicas de la gente y dar un ejemplo inspirador para tener una oportunidad de obtener un resultado favorable.

Construir un movimiento lleva tiempo. Pero ese movimiento se derrumbará como una casa de madera en un huracán si no empiezas por construir unos cimientos sólidos y utilizas los mejores recursos disponibles a tu alcance.

Ser un líder «una vez más» no es fácil, pero cuando aprendes a aplicar estos principios de liderazgo a lo largo del tiempo, no solo puedes impulsar tu vida al nivel más alto posible, sino que también puedes elevar las vidas de las personas que lideras.

17

Un grado más de ecuanimidad

«Entre el estímulo y la respuesta hay un espacio.
En ese espacio está nuestro poder de elegir nuestra
respuesta. En nuestra respuesta está nuestro
crecimiento y nuestra libertad».

—Victor E. Frankl, neurólogo, psiquiatra,
superviviente del Holocausto

PARA LLEVAR UNA VIDA FELIZ, DEBES BUSCAR LA
ECUANIMIDAD.

En términos básicos, la ecuanimidad es lograr la serenidad
y la calma mental en un mundo lleno de factores de estrés.
Pero es mucho más que eso. **La ecuanimidad es el pegamento
silencioso que sustenta muchas de las demás ideas de este libro. Para alcanzar el nivel más alto de estas estrategias, debes
hacerlo con un grado avanzado de ecuanimidad.**

Soy un firme defensor de la ecuanimidad. Y creo que tú
también deberías serlo.

La esencia de la ecuanimidad

La ecuanimidad tiene su origen en la palabra latina *æquanimitas* (tener una mente uniforme). Es el resultado de la combinación de *aequus* (uniforme) y *animus* (mente/alma/ánimo).

La búsqueda de una mente y un alma ecuánimes es una virtud difícil de alcanzar. La gente se pasa la vida buscando la ecuanimidad, yo incluido. He luchado por encontrar la calma a lo largo de mi vida. Para mí, encontrar la ecuanimidad es más fácil en situaciones de poco estrés. Sin embargo, es mucho más valiosa cuando puedo invocarla bajo presión. Al comprender mejor lo que es la ecuanimidad y ponerla en práctica, mis caminos hacia el éxito tardan menos y son más frecuentes y sustanciales.

Piensa en esto.

No podemos controlar la gran mayoría de lo que ocurre en nuestras vidas. Podemos soñar, establecer estándares y objetivos, y ajustar nuestra forma de pensar y actuar de una docena de maneras diferentes. Lo que no podemos hacer es controlar los resultados, a pesar de nuestros mejores esfuerzos. Para muchas personas, la respuesta natural es la decepción, la frustración, la desesperación y la ira. Nadie es inmune a esos sentimientos en un momento u otro. Pero ¿y si pudieras concienciarte de otras formas de condicionar tu cerebro y tu respuesta a las fuerzas externas y a los resultados? ¿Y si no dejaras que los reveses te afectaran negativamente? ¿Y si te elevaras por encima de los malos resultados a un estado mental positivo y racional, inmune a esos contratiempos?

Esa es la esencia de la ecuanimidad.

Cuando se enfrentan a una situación difícil, como una llamada telefónica estresante, una mala reunión, un contratiempo financiero o un reto en una relación, los grandes triunfadores pueden encontrar la ecuanimidad cuando otros no pueden. ¿Por qué algunos de los mejores trabajadores se elevan a un nivel aún más alto en los momentos difíciles mientras que otros se debilitan? La ecuanimidad es el separador invisible entre los mejores trabajadores y los que son normales y corrientes.

Piénsalo así. A muchos lanzadores les resulta más fácil eliminar a los bateadores en la primera entrada sin nadie en la base que enfrentarse a un bateador de *home run* con las bases llenas en la novena. Los golfistas pueden meter *putts* durante toda la ronda de un jueves de torneo. Pero ¿cuántos pueden tener el estado de ánimo necesario para meter una bola a 6 metros en el hoyo 18 el domingo para ganar? Si estás pasando por una mala racha en tu relación, ¿puedes usar la ecuanimidad para decir lo correcto que reducirá la tensión en lugar de lo incorrecto que te hará hacer las maletas 10 segundos después?

Todo el mundo puede encontrar grados de ecuanimidad la mayor parte del tiempo. Una de las cosas que los separa de los grandes triunfadores es que estos pueden encontrar la ecuanimidad cuando más la necesitan.

La ecuanimidad es una de las filosofías más antiguas del mundo, y sus elementos están presentes en muchas religiones. En el cristianismo, a menudo nos miramos y decimos: «La paz esté con vosotros» o «La paz de Cristo esté con vosotros». Hay innumerables ejemplos en la Biblia:

«El Señor peleará por vosotros;
vosotros esperad tranquilos».

—ÉXODO 14:14

«La paz os dejo, mi paz os doy; no os la doy yo
como la da el mundo. Que no se turbe vuestro
corazón ni se acobarde».

—JUAN 14:27

«En cambio, los sufridos poseen la tierra | y disfrutan
de paz abundante».

—SALMO 37:11

La ecuanimidad también está presente en varias religiones indias orientales. Por ejemplo, el hinduismo pide a los creyentes que abandonen todo apego al éxito o al fracaso. Los elementos del yoga enseñan que la ecuanimidad es alcanzable mediante la meditación regular y las disciplinas mentales que despejan la mente y la acercan a un equilibrio saludable.

El judaísmo da importancia a la ecuanimidad como base necesaria para el desarrollo espiritual y moral.

El Buda Gautama, filósofo y maestro espiritual del siglo v a.C., describió una mente llena de ecuanimidad como «abundante, exaltada, inconmensurable, sin hostilidad y sin mala voluntad». Unos cientos de años después de su muerte, se le conoce simplemente como Buda, que significa «despierto» o «iluminado». Sus enseñanzas sobre el budismo han sido ampliamente difundidas como creencias fundamentales de la filosofía.

La religión islámica también está estrechamente vinculada a la ecuanimidad. La palabra «islam» procede del término árabe *aslama*, que denota la paz que surge de la entrega y la aceptación totales. Los musulmanes lo atribuyen a la sabiduría suprema de Dios, y muchos lo interpretan como que ser musulmán está alineado con vivir en un estado de ecuanimidad.

La ecuanimidad como filosofía espiritual es uno de los pilares más arraigados de la humanidad. Es una creencia espiritual que se ha enseñado y alabado durante siglos. Antes de profundizar en los elementos individuales de la ecuanimidad, es necesario reconocer cómo se ha entretejido en la sociedad durante milenios.

Los elementos de la ecuanimidad

Una cosa es decir que debes aspirar a un nivel más de ecuanimidad. Y otra completamente distinta es entender cómo debes llegar a él. Al igual que cualquier otro reto, empieza por dividir un gran concepto como la ecuanimidad en partes más pequeñas. Eso añadirá claridad y simplicidad, y hará más fácil aceptar la ecuanimidad en su totalidad.

Mientras estudias la ecuanimidad y cómo se relaciona con tus creencias y tu religión, algunos elementos pueden o no resonar contigo. Voy a darte algunos principios generales, **pero depende de ti decidir cuál es la mejor manera de abordar tu versión de la ecuanimidad de la forma que tenga más sentido para ti.**

Aquí hay varios puntos clave para tener en cuenta:

- **La ecuanimidad consiste en encontrar la serenidad mientras luchas contra los desafíos de tu vida.** Te van a rechazar. Así es la vida, y no hay que esconderse de ella. Aunque no podemos controlar las fuerzas externas, podemos ser conscientes de cómo pensamos y reaccionamos ante ellas.

- Esta conciencia nos permite callar nuestra mente. **La serenidad consiste en aceptar que hay cosas que simplemente no podemos cambiar.** Encontrar la serenidad requiere práctica. La meditación hacia la ecuanimidad requiere que sueltes conscientemente las preferencias a favor o en contra de todas las cosas. Tus acciones se guían más por tus valores y virtudes y no por tus deseos que son reacciones a sentimientos positivos o negativos.

- **La ecuanimidad consiste en reconocer que nada es permanente.** No importa lo que esté sucediendo en tu vida en este momento, no durará para siempre. **La vida es todo cambio e inestabilidad.** Cuando reconoces esto, comprendes que los tiempos buenos y malos pasarán por tu vida.

- Aferrarse solo a lo bueno o a lo malo puede conducir al dolor. Es fácil entender que aferrarse a lo malo crea dolor. Pero reconoce que cuando te aferras a lo bueno, también puede ser una fuente de dolor cuando se vaya. La ecuanimidad consiste en prescindir de la permanencia y del dolor asociado a ella. La ecuanimidad crea un espacio de conciencia que permite que cada estímulo vaya y venga. **Los pensamientos son solo pensamientos. Los sonidos son solo sonidos. Las personas están simplemente siendo ellas mismas. Y los acontecimientos son solo acontecimientos.**

- **La ecuanimidad nos recuerda nuestra insignificancia.** A menudo nos centramos demasiado en nosotros mismos. **Cuando somos capaces de comprender que solo** somos una pequeña parte de la inmensa condición humana, nos liberamos de las presiones que ejercemos sobre nosotros mismos.

- Nuestros miedos se reducen cuando los ponemos en perspectiva. No huimos del dolor ni evitamos la culpa o la pérdida con tanto vigor. Aceptamos nuestro estado y trabajamos para lograr el equilibrio en nuestras vidas con más calma. **La ecuanimidad consiste en dejarlo pasar.** Si un reto o contratiempo en tu vida te resulta pesado, déjalo. Déjalo ir. Aprende a desprenderte de las creencias negativas, el resentimiento, el dolor y el daño.

- **Una de las Cuatro Nobles Verdades proclamadas por Buda es que el apego es el origen del sufrimiento.** El apego al deseo o el apego al deseo de no tener algo crean ansiedad y miedo. Dejar de lado ambos y aceptar lo que llega a tu vida, lo bueno y lo malo, nos libera de la prisión de nuestros pensamientos.

  Ajahn Chah, un monje budista tailandés del siglo XX, lo resumió bien cuando dijo: «Si te dejas llevar un poco, tendrás un poco de paz. Si te dejas llevar mucho, tendrás mucha paz. Si te dejas llevar por completo, tendrás una paz completa».

- **La ecuanimidad acepta el cambio.** En lugar de quedarte atascado en el *statu quo*, reconoce que tu futuro necesita un cambio de aires. **La aceptación del cambio, que es inevitable, trae la paz. Luchar contra el cambio es una pérdida de tiempo.**

Estos conceptos solo tocan la superficie de lo que es la ecuanimidad. Si estás interesado, te animo a que profundices. Hay bibliotecas enteras sobre la ecuanimidad y que muestran cómo es un elemento fijo en tantas culturas y religiones. Cuanto más sepas sobre la ecuanimidad, mayor será tu potencial para alcanzar un nivel más de ecuanimidad en tu vida.

Como parte de tu exploración adicional, el examen de los ocho vientos mundanos es un excelente punto de partida.

Los ocho vientos mundanos

El budismo ha identificado cuatro conjuntos de estados opuestos que existen en nuestras vidas. Se denominan los ocho vientos mundanos, a veces conocidos como los ocho dharmas mundanos. Aparecen con varias etiquetas, pero generalmente se aceptan como:

- Placer y dolor.
- Alabanza y desaprobación.
- Ganancia y pérdida.
- Éxito y fracaso.

El objetivo de la ecuanimidad es disminuir los efectos que estos vientos tienen en tu mente y que ocurren en una u otra medida cada día. Ejemplos de los ocho vientos mundanos podrían ser:

- Nos enamoramos perdidamente, solo para descubrir que nuestro amante nos ha engañado.
- Nuestro éxito puede ser emocionante, pero también puede conducir a la arrogancia.
- Conseguimos un gran ascenso en el trabajo, solo para que la empresa se declare en quiebra seis meses después.

- Apoyamos con fuerza a un héroe deportivo o a un músico famoso y luego descubrimos que tiene un grave problema con las drogas, un pasado delictivo o que fallece inesperadamente, como ocurrió con Kobe Bryant.

Debemos equilibrar lo bueno y lo malo para que, aunque reconozcamos las buenas noticias, también entendamos que no son permanentes. **Aceptamos que el mundo equilibrará las cosas con el tiempo.** De este modo, no nos sentimos ni demasiado contentos ni demasiado tristes cuando reaccionamos ante estos acontecimientos. Esto no quiere decir que no debamos sentir alegría o felicidad cuando ocurre algo bueno. Solo tenemos que ponerlo en perspectiva. La ecuanimidad nos permite hacerlo.

Sin la ecuanimidad como gobernante, ir de un lado a otro es agotador. El objetivo es la calma mental completa. A veces podemos alcanzar ese estado, pero como la búsqueda de la ecuanimidad es una aventura de toda la vida, debemos refinar nuestro enfoque y corregir el rumbo a medida que avanzamos.

Los ocho vientos mundanos son maestros. Desde un punto de vista espiritual, necesitamos los ocho en nuestra vida. Sin una mitad del par, la otra deja de existir o no tiene sentido. Sin embargo, preocuparse demasiado por los ocho vientos mundanos se considera un obstáculo para la ecuanimidad. Estar demasiado centrado en ellos crea inestabilidad emocional.

La ecuanimidad trata de seguir un curso en medio de cada uno de estos pares. No se alinea totalmente con un lado o con el otro. La ecuanimidad acepta la realidad de cada viento sin seguirlo. La cosa es que los vientos no son permanentes y, cuando cambian, es más fácil responder con más flexibilidad.

Toda esta filosofía está muy bien. Sin embargo, debes decidir cuál es tu relación con la ecuanimidad ahora y en el futuro.

Tu relación con la ecuanimidad

En lo que respecta a la ecuanimidad, las personas suelen caer en una de estas cuatro categorías.

- Agresivo y con ecuanimidad.
- Agresivo y carente de ecuanimidad.
- Pasivo con ecuanimidad.
- Pasivo y carente de ecuanimidad.

De estos, solo hay un estado ideal al que deberías apuntar: agresivo y con ecuanimidad.

Si eres pasivo, la ecuanimidad no te servirá de mucho, aparte de ser una parte molesta de tu cerebro que te recuerda que eres demasiado relajado y tranquilo para lograr algo importante en tu vida. Debes aportar un cierto nivel de tenacidad a tu vida. No tienes que estar a tope en todo momento, pero **debes llevar una vida en la que consigas hacer cosas.**

Al principio de este capítulo mencioné que no siempre he abordado la vida con suficiente ecuanimidad. Reconozco que he sido tan duro que he desequilibrado mi vida, y ni siquiera lo sabía en ese momento. Claro que hice cosas. Gané mucho dinero. Pero **pagué un precio más alto del que necesitaba al**

no practicar la ecuanimidad durante muchos años. El viaje hacia la ecuanimidad no se produce de la noche a la mañana. Como aprendí, requiere años de ser consciente e intencional en tus pensamientos y acciones.

Los pensadores «una vez más» también entienden que la ecuanimidad no es permanente. Es efímera y aparecerá y desaparecerá a medida que se presenten diversos desafíos en tu vida. **Te moverás entre grados de ecuanimidad de un día a otro y de un momento a otro.** Mi objetivo es asegurarme de que no pases por la vida sin suficiente ecuanimidad como lo hice yo. Encuentra la paz y la calma mental tan pronto como puedas.

Tu relación con la ecuanimidad es la fuerza que hace posible muchas otras cosas buenas en la vida.

18

Una oración más

«El primer trago del vaso de las ciencias naturales
te convertirá en ateo, pero en el fondo
del vaso te espera Dios».

—WARNER HEISENBERG

¿PUEDES VER LA FE? ¿PUEDES TOCARLA, SABOREAR-
LA U OLERLA?

Por supuesto que no.

Sin embargo, durante siglos, **la fe ha sido la fuerza más
dominante e impulsora en la búsqueda del hombre de la paz
espiritual y la verdad.**

Sé que la fe es una opción muy personal para todos. **Respeto a las personas de todas las religiones y a la libertad de
fe de la manera que más significado tenga para cada uno
de vosotros en vuestras propias vidas.** Dicho esto, no estaría
escribiendo un libro fiel a mí mismo si no compartiera con
vosotros el impacto significativo que mi fe como cristiano ha
tenido en mi vida. De hecho, ha tenido el mayor impacto de
cualquier cosa en mi vida.

Francamente, me ha costado escribir este capítulo, no por
la profunda creencia en mi fe, sino porque quiero compartir

contigo el enorme impacto que sé que la oración puede tener en tu vida. También quiero ser transparente sobre mi amor por Jesús. Habiendo dicho esto, también quiero ser respetuoso con tus creencias y no alejarte predicando.

Este no es un capítulo sobre religión. **Este es un capítulo sobre el uso de la oración y la fe como estrategia para ayudarte a alcanzar tus objetivos.** E incluso si la fe no juega un papel importante en tu vida, sigue leyendo, porque también te voy a decir cómo creo que la ciencia no puede impactar en tu vida en esta área.

Esto nos lleva a una cuestión fundamental.

¿Qué es la fe?

Sabemos que la fe mueve montañas, pero eso solo empieza a arañar la superficie de lo que es realmente la fe.

La fe es universal. Todas las civilizaciones desde el principio de los tiempos han practicado algún tipo de espiritualidad basada en la fe.

También es justo decir que la oración es la manifestación de la fe.

La fe y la oración se combinan para ofrecerte caminos hacia la paz, la verdad, la convicción y la vida según un código moral. Van de la mano, pero cada una de ellas es única y diferente, y existen en armonía para tu beneficio.

En términos de «una vez más», aborda la fe como tus pensamientos. Enfoca las oraciones como tus acciones. Cuando las combinas, forman un vínculo diferente a todo lo demás. Por eso es importante pensar en tu fe a menudo y luego actuar comprometiéndote a rezar también a menudo.

La mayoría de las personas se mueven por alguna forma de fe que se ve reforzada y confirmada por las oraciones. Las oraciones fortalecen tus creencias basadas en la fe. A su vez, eso define tu carácter, lo que piensas de ti mismo y cómo tratas a los demás.

De hecho, puedo dar fe de que las oraciones «una vez más» me han acercado a Jesús cada día de mi vida.

Consciente e inconscientemente, rezas más de lo que crees. Puede que no siempre lo veas como una oración, pero la tendencia natural de tu mente es pensar en lo que quieres en la vida. Los ves como deseos, pero en realidad, **los deseos son una forma de oración.**

Cuando deseas un ascenso laboral, una relación feliz y amorosa, buena salud o riqueza, te des cuenta o no, estás participando en una forma de oración.

Esto nos lleva a varias preguntas.

¿Rezas con suficiente frecuencia? ¿Es la oración una parte regular de tus actividades diarias? ¿Solo rezas cuando necesitas la ayuda de Dios? ¿Con qué frecuencia reflexionas intencionadamente sobre lo que rezas? ¿Practicas la gratitud cuando rezas y después de que tus oraciones sean respondidas?

¿Cómo defines la fe y la oración?

Al igual que cada persona tiene una relación única con su Dios, **la fe y la oración adquieren un significado muy personal para cada uno de nosotros.**

Piensa en cómo la Biblia define la fe en Hebreos 11:1: «La fe es fundamento de lo que se espera, y garantía de lo que no se ve».

Aunque hay verdades y creencias universales en las que todos podemos estar de acuerdo, cuando se trata de definir la fe y la oración, tenemos algunas ideas basadas en cómo percibimos la fe, la oración y nuestra relación con un ser superior.

La presencia de la fe y la capacidad de orar son únicas en la humanidad. Nuestra capacidad de pensar conceptualmente por encima de lo que vemos, tocamos y sentimos en el mundo nos separa de otros seres vivos.

El libre albedrío significa que podemos interpretar la fe a nivel personal. A partir de esa interpretación, podemos rezar también a nivel personal.

La fe tiene aplicaciones más allá de las asociadas a la religión. **La fe se basa en la confianza y la lealtad hacia un deber, una persona o una cosa.** Y en términos generales, **la fe se basa en la aceptación de una verdad propuesta, a falta de pruebas de la verdad.**

La oración tiene una definición más estrecha. Para muchas personas, el propósito de la oración es aumentar nuestra comprensión de lo que nuestro Dios llama bueno, mientras que también aumenta el deseo en nosotros de lo que es bueno.

Por lo tanto, definir la fe y la oración significa esencialmente confiar en que estas cosas están destinadas a cultivar el bien en nosotros.

A menudo, las personas se resisten a abrazar la fe porque sienten que necesitan saberlo todo sobre una fe en particular antes de sentirse cómodos haciéndolo. Para algunos de vosotros, ese tipo de pensamiento no solo se aplica a la fe, sino a todas las partes de vuestra vida.

¿Qué quiero decir con esto?

Si crees que necesitas alcanzar un determinado umbral de conocimiento antes de avanzar en algo, te paralizarás por la inacción y te quedarás atrás con respecto a los que están más dispuestos que tú a adentrarse en lo desconocido y actuar de todos modos.

Para vivir una vida plena, debe haber varios momentos en los que se suspenda la necesidad de saberlo todo antes de actuar. Esto es especialmente cierto con la fe, porque nunca vamos a saber todo lo que hay que saber sobre la fe. Por su propia definición, la fe excluye este tipo de pensamiento.

¿Este pensamiento limitante te frena no solo en tu fe, sino también en otras áreas de tu vida?

Por ejemplo, supongamos que eres el tipo de persona que necesita saber todo lo que hay que saber antes de lanzarse a la acción. En ese caso, lo más probable es que nunca seas la persona que se arriesga a iniciar su propio negocio o a iniciar una nueva relación romántica. **Un sistema de creencias de «necesidad de saberlo todo de antemano» no te servirá a lo largo de tu vida.**

Todas las áreas de nuestra vida, especialmente la fe, dependen de que nos adentremos en lo desconocido en un grado u otro.

Sacar fuerzas de mi fe y mis oraciones

A menudo me preguntan cuál es mi libro favorito, y para mí siempre ha habido una sola respuesta.

La Biblia.

Y mi pasaje favorito es Filipenses 4:13: «Todo lo puedo en aquel que me conforta».

Me siento fortalecido cada vez que leo la Biblia. También tengo una profunda y continua curiosidad por la naturaleza de la humanidad, preguntas espirituales profundas y morales que me han desafiado a encontrar respuestas desde hace muchos años.

Una de las maneras en que saco fuerzas es a través de un simple pasaje que resume la simplicidad y la pureza de ser fiel y rezar a menudo.

En Juan 16:24, Jesús dijo: «Pedid y recibiréis, para que vuestra alegría sea completa».

Esa es la esencia de la fe y las oraciones y el impacto que han tenido en mi vida.

Además, **como creo plenamente en el poder de la fe y la oración, nunca estoy solo.**

A lo largo de toda mi vida, he extraído una fuerza considerable del impacto positivo de la fe y las oraciones. Eso me ha dado una **confianza suprema** cada vez que entro en una llamada de ventas, subo al escenario en un evento para hablar en público o cuando simplemente estoy fuera de casa, conociendo y hablando con la gente en la calle.

También he sido recompensado por mi fe y mis oraciones. Creo firmemente que hay una correlación directa entre la riqueza que he logrado, las relaciones comerciales y las amistades con las que he sido bendecido y, lo que es más importante, la vida familiar continua y dichosa que disfruto.

Es difícil explicar el sentimiento que la fe y las oraciones tienen sobre ti a alguien que no practica estas cosas regularmente.

Solo puedo dar testimonio de lo que estas cosas han hecho por mí. Creo que, si se practican correctamente, **la fe y las oraciones deben servir para buscar la paz interior, reflexionar** sobre la naturaleza de tu vida y practicar la gratitud por los dones que se te han concedido.

La calma resultante me da fuerzas. Esto me ayuda a centrarme y enfocarme en lo que viene después. Y a partir de ahí puedo encontrar el propósito y la energía cuando es el momento de avanzar con las distintas partes de mi vida.

Vinculación de la fe, la energía y la ciencia cuántica

La gente me pregunta a menudo si mi profunda creencia en mi fe significa que no puedo creer también en la ciencia. En absoluto. Todo lo contrario.

Existen tres filosofías relacionadas con la naturaleza fundamental de la vida tal y como la conocemos.

1. **Algunas personas se consideran increíblemente creyentes.**
2. **Otras se consideran basadas en la energía.**
3. **Por último, otras se basan en la ciencia.**

Soy algo único porque me considero miembro de los tres campos.

Soy cristiano, pero también creo en un Dios todopoderoso que creó el universo. También soy un gran creyente en la ciencia y la energía. En ningún caso creo que estas doctrinas entren en conflicto.

En un momento dado, solía pensar que lo que creía sobre la ciencia significaba que tenía que reducir la profundidad de mis creencias en mi fe. Por el contrario, también pensaba que tenía que descartar muchos principios científicos como forma de mantener mis fuertes creencias basadas en la fe.

Sin embargo, a medida que he leído y aprendido más, me he dado cuenta de que **la ciencia ha confirmado mis creencias en la complejidad, la belleza y la maravillosa naturaleza de mi fe.**

Mi Dios todopoderoso creó todo, o no lo hizo.

La definición básica de la ciencia cuántica es que el universo está lleno de partículas que interactúan entre sí y fluyen con energía cuántica. La explicación científica de esta energía se denomina estudio de la física cuántica.

Lo que me encanta de la energía cuántica es que aquí es donde se cruzan la fe y la ciencia. De hecho, algunos de mis amigos más devotos de todos los credos, incluidos pastores, rabinos, imanes, sacerdotes y otros, están muy interesados en la idea de la energía.

Mi creencia en estas tres ideas surge de una pregunta que me hice hace tiempo.

Sabiendo que existe un Dios que puso los árboles, los animales, los océanos, los campos gravitacionales, el clima y TODAS las demás cosas de nuestro mundo, ¿por qué ese Dios no puede ser el mismo creador de la energía que todos sentimos y experimentamos en el mundo?

A pesar de la enormidad de esta cuestión, aceptando la premisa de que la energía es sentida por todos nosotros y que Dios es el creador de esta energía, eso es mucho menos monumental que Dios creando la complejidad del hombre y la mujer.

Para mí, crear un campo de energía palidece en comparación con **dar a siete mil millones de personas la capacidad de pensar, cuestionar, expresar emociones y desafiar, razonar** y reflexionar sobre las grandes cuestiones de nuestro mundo. Y lo que es más importante, nos dio el don de encontrar respuestas a muchas de esas preguntas, impulsándonos como civilización desde el principio de los tiempos.

Esto se suma a los milagros biológicos que dan a cada uno de nosotros la esencia de la vida. Considera el milagro de Dios de la procreación, la transferencia de oxígeno en nuestros cuerpos para mantenernos vivos, el procesamiento de los alimentos y el agua para convertirlos en energía, los dones de la vista, el sonido, el gusto y otras asombrosas experiencias sensoriales que utilizamos para navegar por el mundo.

Piénsalo por un momento.

Deja que la pregunta de por qué y cómo llegó a existir te absorba de verdad.

No solo creo que la fe, la energía y la ciencia existen para darnos respuestas, paz, lógica, orden y cualquier cosa que necesitemos en nuestras vidas, sino que sé que cada uno de estos elementos existe porque los he experimentado personalmente una y otra vez.

Hace tiempo que me fascina la energía invisible de nuestro mundo, cómo se integra en mi fe y cómo rezo.

A primera vista, no parece que la fe y la ciencia tengan nada en común. Sin embargo, tal vez te sorprenda saber que los **líderes espirituales y los científicos han buscado la manera de vincular a ambos desde hace mucho tiempo.**

La física cuántica sostiene que todo puede descomponerse en partículas y ondas infinitesimales, creando una energía invisible que impulsa el universo. Al igual que la fe, las partículas de tamaño cuántico no se pueden ver, pero los científicos y los estudiosos de la religión operan bajo el supuesto de que ambas tienen una influencia significativa en la humanidad.

Uno de los principios básicos de la física cuántica es la creencia de que se crea una respuesta a una pregunta al tomar una decisión. La fe funciona de la misma manera. Además, si hubieras tomado otra decisión o utilizado otro método, la verdad a la que llegaste podría haber sido muy diferente. La fe te lleva a ciertas respuestas. Esas respuestas crean decisiones y resultados.

¿Puedes ver el vínculo de cómo la ciencia y la espiritualidad están conectadas? ¿No es así como la fe y la oración nos guían hacia las decisiones correctas?

Esa interconexión ayuda a reforzar el argumento de la importancia de comprender la energía invisible de la fe y la práctica fundamental de la oración. La intersección de la ciencia y la fe se ha convertido en un área de estudio cada vez más innovadora, ya que la humanidad sigue cuestionando los elementos más profundos de nuestra propia existencia.

Esta es la esencia del vínculo entre la fe y la energía.

Mucha gente cree que si adopta la fe y la oración, debe excluir el concepto de energía en el universo. Yo creo que es justo lo contrario. Creer en la energía y en la ciencia cuántica refuerza mi fe y mis oraciones significativas. Se alimentan mutuamente en lugar de excluirse entre sí.

Cuanto más reces, más a menudo la gente sentirá tu energía, paz, consuelo y empatía. Por eso, independientemente de tu fe o de lo que creas, te recomiendo que reces más a menudo.

Siempre haces que la gente sienta algo

¿Has estado alguna vez cerca de alguien y te has sentido inmediatamente atraído o no por él? Sé que habrás conocido a varias personas en tu vida con las que has congeniado al instante por la forma en que te han hecho sentir.

Lo creas o no, eso es parte de la física cuántica. Eso es parte de la energía invisible del mundo.

Esa misma energía invisible existe de otras maneras. ¿Estás de acuerdo conmigo en que hay una fuerza energética que mantiene tus pies en el suelo y se llama gravedad?

¿Alguna vez has entrado en una habitación y has sentido una energía pacífica mientras estabas allí? Por el contrario, ¿alguna vez has entrado en un lugar y la energía no te ha sentado bien? Tal vez te haya asustado o te haya hecho sentir incómodo.

He aquí otro excelente ejemplo. ¿Te has fijado alguna vez en cómo los perros se encariñan inmediatamente con algunas personas, pero otras no pueden acercarse a menos de tres metros o corren el riesgo de ser mordidas?

Este es un ejemplo perfecto de cómo **la energía que emites también dice ciertas cosas sobre ti.** Tu capacidad para ser intencional y hacer que la gente sienta o no ciertas cosas es fundamental para lograr las cosas que sueñas en tu vida.

Recuerda esto: **siempre estás haciendo que la gente sienta algo.**

Hay una energía que atrae ciertas cosas a tu vida y una energía que también repele cosas de ti. Si no entiendes cómo funciona esta energía, te estás perjudicando considerablemente. Sin embargo, entender bien este concepto te vendrá bien en tu vida.

La profundidad a la que decidas explorar esta energía y la física cuántica depende enteramente de ti. Pero negar su existencia es rechazar algo tan fundamental como la gravedad en nuestro mundo.

Mi comprensión de esta energía y de su funcionamiento ha sido crucial para mi éxito durante muchos años. También soy muy consciente de que la gran mayoría de las personas que conozco son totalmente ajenas al tipo de energía que emiten y a cómo hacen sentir a la gente. Tu capacidad para controlar y aprovechar la energía que emites es fundamental para que funciones bien en el mundo.

Además, entiende que a veces la energía que tienes que emitir es cariñosa, a veces intensa y a veces comprensiva. Esta es la otra parte de utilizar tu energía al máximo.

El poder de una oración más

Como ya he mencionado, pero quiero recalcarlo de nuevo, la fe y las oraciones son muy personales, y respeto a cada persona y la forma en que elige practicar estas cosas.

Estoy feliz de compartir lo que sé y creo, y si estas cosas tienen sentido para ti y te ayudan a lograr un mayor grado de fe y oraciones más enfocadas, eso me hará feliz. Creo firmemente que una oración más te acercará a tu fe personal, sea cual sea esta.

Estas son algunas de las cosas adicionales que creo sobre la fe y una oración más.

- **Cuanto más fuerte sea tu fe en lo que crees, más profundo será tu compromiso con la causa resultante.** En términos estratégicos, piénsalo así. Si tienes fe y rezas para ser la persona adecuada para un ascenso laboral, o para merecer conseguir un gran contrato porque tienes fe, eres la persona adecuada para resolver el problema de otra persona o empresa, más duro vas a trabajar para que eso se haga realidad.

- A veces, dudarás de tu fe, y habrá momentos en tu vida en los que tendrás preguntas para tu Dios. Debes **hacer estas preguntas y poner a prueba tu fe.** A menos que obtengas respuestas, o por lo menos las busques, nunca fortalecerás tu fe. **Debes eliminar las dudas a medida que las encuentres.**

- **No reces solo cuando te convenga. Reza todos los días.** Sé constante. Haz que sea un hábito como lo es para ti hacer ejercicio, comer los alimentos adecuados o decirle a tu pareja o a tus hijos que los quieres.

- Ya has oído la expresión: «No hay ateos en las trincheras». No esperes a estar en tu propia trinchera. **Reza en los buenos y en los malos momentos. Reza con honestidad. Reza con intención.** No te limites a rezar sin más, sea cual sea el estado de tu vida.

- **Asegúrate de que tus oraciones y tus peticiones son congruentes con la voluntad de tu Dios.** Esta verdad está explícitamente declarada en 1 Juan 5:14: «si le pedimos algo según su voluntad, nos escucha».

- **No reces por el daño o la mala voluntad de nadie. No es aceptable. Nunca.**

- También creo que **el poder de la oración tiene un efecto compuesto en tu vida.** Cuanto más tiempo hagas de la fe y la oración una parte esencial de tu vida, más impacto tendrá en ti y en las personas que más te importan.

- Otra cosa que he aprendido es que cuando ocurre una tragedia, **puedes tener una crisis de fe.** Pero también he aprendido que ahí es cuando más necesitas la fe y tus oraciones.

- Y, por último, a veces los demás te desafiarán o te condenarán al ostracismo por tu fe y tu forma de rezar. Puede que no lo piensen lo suficiente como para entender tus creencias, o pueden generalizar basándose en sus propias creencias y muy posiblemente en sus propios defectos. Mi respuesta a gente así es que **tu relación con tu Dios es más importante que lo que la gente cree saber y asumir sobre ti.**

Si puedes poner a tu Dios en primer lugar, entonces estás bien encaminado para incorporar efectivamente la fe y el poder de una oración más en tu vida.

19

Una última «una vez más»

HE TENIDO MUCHAS EPIFANÍAS DESDE QUE EMPECÉ A ESCRIBIR *EL PODER DE UNA VEZ MÁS.* Sin embargo, una de ellas destaca por encima de todas las demás.

Me di cuenta de que mi filosofía de vida y de negocios proviene de mi relación con mi héroe y padre, Edward Joseph Mylett, Jr.

Creo que la gente puede cambiar, y la razón por la que me dedico a ayudar a la gente a mejorar en la vida es porque el hombre al que amo y al que admiro por encima de todos los demás hizo precisamente eso.

Aunque he compartido varias cosas contigo, ninguna es más esencial o difícil de escribir para mí que una última «una vez más». Cuando ves a la persona más cercana a ti en la vida vivir de cierta manera y luego te comprometes a un cambio profundo cuando te enfrentas a **una última «una vez más»**, no solo la cambia a ella, sino que también te cambia a ti.

A lo largo de su vida, esta es la historia de cómo mi padre me enseñó una de las lecciones más valiosas de la vida.

Sé que tú también encontrarás valor en ella.

* * *

La lección de **una última «una vez más»** comienza aquí.

Mi padre era banquero de profesión, un hombre muy trabajador que nunca faltaba al trabajo.

También fue alcohólico durante los primeros 15 años de mi vida.

Pagó un precio horrible al sufrir esta enfermedad. Y, por extensión, la gente a la que amaba también pagó un precio muy alto.

Nos convertimos en los daños colaterales de una guerra que se desató en su interior. Aunque teníamos una familia muy cariñosa, su enfermedad nos creaba ansiedad y preocupación a todos. Era duro ver a mi padre luchar cada día con algo de lo que yo sabía que quería librarse.

Pero, irónicamente, te diré que su enfermedad me vino bien a mí.

Más aún, el alcoholismo de mi padre le vino bien a él. Eso es porque, a través de su enfermedad, mi padre acabó encontrando su verdadera vocación en la vida.

Su alcoholismo me vino bien porque la mayoría de las habilidades que utilizo hasta el día de hoy se deben a que fui criado por un padre alcohólico.

Por ejemplo, aprendí a leer el lenguaje corporal, la tonalidad y las expresiones faciales cuando era pequeño. Lo desarrollé aprendiendo a leer qué padre llegaría a casa del trabajo. ¿Sería un padre sobrio y cariñoso o un padre ebrio y distante?

Llegué a un punto en el que podía averiguar esto por la forma en que mi padre introducía la llave en la cerradura de nuestra puerta principal. Si se esforzaba y tanteaba para meter la llave en la cerradura, yo sabía que había estado bebiendo. Por el contrario, cuando la llave se deslizaba en la cerradura sin problema, también sabía lo que significaba.

Una vez dentro, me fijaba en cómo hablaba y caminaba, en su lenguaje corporal, en su comportamiento y en su actitud. Siempre era un juego de adivinar si lo evitaría hasta que se fuera a la cama o si podría salir a jugar con él en el patio trasero.

Cuando tienes 8 años, y esta es una habilidad que necesitas tener para tener una mejor vida en casa, aprendes esa lección rápidamente, y la aprendes bien.

Aunque en el fondo mi padre era un hombre de buen corazón, cuando bebía, sus acciones no siempre se ajustaban a este carácter. Muchas veces, no solo se alejaba emocionalmente del resto de nosotros, sino que también se alejaba físicamente de vez en cuando. Había días y noches en las que no volvía a casa, y todos sabíamos por qué.

A pesar de esta aflicción, mi padre era mi mejor amigo y lo admiraba. Era mi héroe, mi confidente, mi consejero y la persona en la que más confiaba. Hizo que mis tres hermanas y yo nos sintiéramos especiales, y todos pensamos en él de la misma manera.

A pesar de los desafíos en vuestras propias familias, sé que muchos de vosotros habéis experimentado las cosas que mis hermanas y yo experimentamos.

De joven, todo hijo empieza pensando que su padre es perfecto, alguien que no puede hacer nada malo. Desgraciadamente, la naturaleza de la vida es que un padre es humano y cometerá errores en el camino. Como padre ahora, definitivamente sé que los he cometido.

Pero cuando eres un chico joven, y si eres como yo, siempre admiras a tu padre. Lo conviertes encantado en tu héroe, y miras más allá de esos errores e imperfecciones.

Sin embargo, no le admiraba porque pensara que era perfecto. De hecho, era todo lo contrario. Era su capacidad para superar sus errores y defectos lo que le hacía aún más extraordinario a mis ojos.

Nunca sabré con exactitud por qué mi padre se aficionó a la bebida, y creo que ninguno de nosotros llegó a averiguar por qué se convirtió en una adicción para él.

* * *

A todo el mundo le ocurren cosas difíciles, desafiantes y trágicas, lo que significa que llegará un momento en tu vida en el que estas cosas te ocurrirán a ti. Te guste o no, el tiempo se agotará, y ninguna cantidad de oraciones, deseos o ruegos negará esta inevitabilidad.

Una de las leyes inmutables del universo es que todo tiene una fecha de caducidad.

Piensa en eso por un momento.

Tarde o temprano, todo termina.

No importa quién seas o por lo que estés pasando, el cambio llegará a ti. Esto no pretende deprimirte. Está pensado para crear en ti una sensación de urgencia. También es para recordarte que las cosas están sucediendo por tu bien y no para hacerte daño.

En varios momentos de tu vida, llegarás al final de un viaje, y te enfrentarás a una última «una vez más». En esos momentos, tomarás decisiones que definirán tu carácter y cambiarán el curso de tu vida.

Tu mundo cambia cuando te das cuenta de que tus días en la Tierra son finitos. Muchas personas llegan a esta comprensión antes que otras, y algunas son muy conscientes de ello, pero no pueden liberarse de las pesadas cadenas que se han forjado.

En algún momento, todos tenemos una última **«una vez más»**. No podemos huir de ellas. Así que debemos aprender a enfrentarnos a ellas de la mejor manera posible.

Aprende a vivir tu vida de la mejor manera que sepas **antes** de que lleguen esos días.

No puedes detener o ralentizar la marcha del tiempo y esos cambios inevitables. Lo único que puedes hacer es aprovechar al máximo lo que tienes ahora. De este modo, puedes guiar intencionadamente tu destino. Así es como puedes vivir la vida con menos cargas, arrepentimientos, ira y tristeza.

Y, sí, no es fácil.

El cambio rara vez lo es.

* * *

Cuando yo tenía 15 años, mi padre se enfrentó a la mayor última «una vez más» de su vida: mi madre le dio un ultimátum.

«O te pones sobrio o pierdes a tu familia. No tendrás otra oportunidad», le dijo.

Nunca olvidaré lo que me dijo mi padre ante esto: «Eddie, me voy a ir por un tiempo y voy a dejar de beber. Cuando vuelva, vas a tener el padre que te mereces. Tus hermanas van a tener el padre que se merecen. Y tu madre va a tener un marido digno de ella».

Ya lo había oído antes, y quería creerle desesperadamente. Así que le pregunté: «¿Cómo va a ser diferente esta vez?».

Nunca antes había visto llorar a mi padre, pero ese día, con lágrimas en los ojos, dijo: «Tengo una última oportunidad más, Eddie».

Una última «una vez más».

Mi padre, que luchó contra su adicción y trató de estar sobrio muchas veces antes, se tomó esas palabras al pie de la letra. Lo que estaba en juego ahora era tanto, que un fracaso más ya no era una opción.

Esta es la lección que saqué de aquello y que quiero compartir contigo.

Vincular las grandes razones emocionales a lo que quieres lograr es la clave de por qué debes estar dispuesto a pasar por las difíciles luchas asociadas al cambio.

Esas razones para cambiar deben ser abrumadoramente más significativas que los obstáculos a los que te enfrentas, de modo que esos obstáculos queden empequeñecidos en comparación. Si me muestras a alguien con razones lo suficientemente grandes para cambiar en su vida, te mostraré a alguien capaz de hacer ese cambio.

A menudo me preguntan dónde se pueden encontrar esas razones.

No tienes que buscar más allá de tus sueños o de las personas de tu vida.

Para mi padre, el duro reto de conseguir estar sobrio y mantenerse sin beber no era ni de lejos tan importante como la razón para cambiar, que era la posibilidad catastrófica de perder a su familia. Para él, como devoto y cariñoso hombre de familia, no había pérdida más significativa que la de alejar a su familia de él.

Hasta ese momento, mi padre era un hombre que no había estado a la altura de la vida que era capaz de vivir.

Lo sabía. También sabía que tenía que cambiar. Y lo hizo.

* * *

Mi padre no fue a buscar la redención cuando se puso sobrio. Pero eso es exactamente lo que encontró.

Parte de esa redención se revela en las páginas de este libro. Aunque lo escribo yo, lo que has leído es un legado compartido con él.

A menudo me preguntan cómo me metí en el negocio de ayudar a los demás.

No fue por accidente. Fue por mi padre.

El poder de una vez más es un resultado directo de la influencia de mi padre en mí. Mi deseo de ayudar a los demás refleja la determinación de mi padre de dedicar su vida a ayudar a los demás después de estar sobrio.

A través de su trabajo con Alcohólicos Anónimos, mi padre adoptó la idea de vivir un día más sobrio, un mantra fundamental de AA. De hecho, se convirtió en toda la premisa de su vida.

Eso puede parecer poco para superar si nunca has luchado contra la adicción. Pero en el mundo de un alcohólico, ganar esta lucha un día a la vez significa todo.

Una vez que se comprometió a ello, mi padre no trató de mantenerse sobrio todos los días restantes de su vida. Intentó mantenerse sobrio un día más de su vida. Un día cada vez, apilados uno sobre otro hasta que los días se convirtieron en semanas y meses, y se convirtieron en años. La diferencia en ese tipo de mentalidad significa todo para un alcohólico en recuperación.

Si estás leyendo esto y estás pensando en renunciar a tu sueño, a un negocio que has empezado, o a cualquier cosa importante para ti, no te pongas la presión de cumplir ese objetivo durante cinco o diez años, o el resto de tu vida. En su lugar, piensa en no renunciar por un día más.

Tómate la vida paso a paso. Haz que tu objetivo de no dejar de fumar sea manejable y más fácil de alcanzar. Todo lo que tienes que hacer es superar el día de hoy. Mañana podrás volver a empezar y conquistar tus batallas con la mentalidad de un «una vez más» final.

En los momentos más oscuros y difíciles, sé que muchos de vosotros pensáis en abandonar y rendiros. Cuando esos pensamientos se te ocurran, aguanta un día más.

No renuncies por un día más.

Como he mencionado, durante mucho tiempo no me di cuenta de que toda la premisa de mi vida provenía de mi padre, de sus intentos de estar sobrio y de su creencia en un «una vez más» final. Pero así es exactamente como vivió los últimos 35 años de su vida.

Merece la pena repetirlo porque una última «una vez más» es la lección de este libro.

* * *

Mi padre padecía una enfermedad pulmonar obstructiva crónica (EPOC) desde hacía varios años, pero se las arreglaba bien la mayor parte del tiempo. Y entonces, un día empezó a tener fuertes dolores de cabeza durante una de nuestras partidas de golf.

Un mes después le diagnosticaron un liposarcoma, un tipo de cáncer poco frecuente que se desarrolla en los tejidos grasos y puede crecer en cualquier parte del cuerpo. Poco después, mi padre fue sometido a una operación de 12 horas para extirpar un tumor del tamaño de un balón de fútbol en su pecho.

Nunca se quejó durante las cirugías, la quimioterapia, la radiación, los medicamentos y otros tratamientos que siguieron. Nos ocultó la gravedad de su enfermedad, sabiendo que nos disgustaría saber cuánto estaba sufriendo.

Mi padre luchó contra su cáncer durante nueve largos años antes de fallecer por complicaciones respiratorias relacionadas el 30 de octubre de 2020, hace menos de un año mientras escribo esto. Tenía 72 años.

Hay un vacío aplastante en mi vida donde él solía estar. Lo echo de menos como a nadie y todavía me cuesta no tenerlo cerca. Añoro nuestras conversaciones y el tiempo que pasamos juntos.

Aunque espero que el hueco en el que estaba en mi vida se reduzca con el tiempo, en el fondo sé que seguiré echándolo de menos cada día que permanezca en esta Tierra.

La magia del tiempo es que nos permite sanar y reflexionar, y eso es precisamente lo que he hecho desde el fallecimiento de mi padre. Es un proceso continuo, pero he podido poner en perspectiva su vida y cómo todos nosotros podemos extraer importantes lecciones de quién era y quién sigue siendo Edward Joseph Mylett, Jr.

* * *

Hay tres cosas que quiero que sepas sobre una última «una vez más»:

1. Vive una vida de última «una vez más» tan a menudo como puedas.
2. Una última «una vez más» funciona mejor cuando tratas cada día como una nueva vida.
3. Comprende que nunca es demasiado tarde para una última «una vez más».

Cuando vives una vida de una última «una vez más» tan a menudo como puedas, te acercas a la vida con un alto grado de urgencia.

¿Qué pasaría si solo pudieras tener un último baile más con la persona que amas? ¿Y si solo pudieras tener una última conversación con tus hijos? ¿Qué les dirías y cómo lo harías? Piensa en tu vida si solo tuvieras una última oportunidad «una vez más» para decirle a tu pareja que la amas.

Considera cómo actuarías si, como mi padre, te dieran una última oportunidad de ser el padre, el hermano, el hijo o el amigo que siempre quisiste ser. Cuando te enfrentas a la vida con la mentalidad de una última «una vez más», tus prioridades quedan claras. Estás más agradecido por los regalos que Dios te ha dado. Respetas y aprecias el tiempo.

Y te convertirás en un mejor ser humano.

Este es el mejor ejemplo que puedo contar de cómo una última «una vez más» impactó en la relación con mi padre.

A mi padre y a mí nos encantaba jugar al golf. Cuando yo era joven, jugábamos en el campo de golf El Prado, en Chino (California). Para nosotros se convirtió en nuestro refugio, un lugar donde podíamos ir a relajarnos, reírnos y compartir nuestros pensamientos y problemas con el otro.

Teníamos animados debates sobre política todo el tiempo. También hablábamos de espiritualidad, del sentido de la vida y de sus hijos y nietos. En nuestros momentos más tranquilos, reflexionaba sobre algunos de los remordimientos de su vida, principalmente sobre las oportunidades que no aprovechó.

Aunque estaba orgulloso de mí, mi padre siempre recalcó que, aunque mi éxito empresarial era más que admirable, se aseguraba de que comprendiese que mis relaciones con mi familia y mis amigos eran lo que más importaba. Le importaban poco las casas que poseía, mi riqueza y los demás adornos del éxito. En cambio, se preocupaba más por el hombre que era, por cómo trataba a la gente, por la diferencia que marcaba en el mundo y por si llevaba una vida buena y virtuosa.

Lo que valoraba sigue siendo una de las lecciones más importantes que me enseñó. Me ha mantenido con los pies en la tierra hasta el día de hoy.

Nuestras conversaciones eran profundas y, con los años, se convirtió en la única persona que lo sabía todo sobre mí. Incluso cuando me acercaba a los 50 años, era la primera persona a la que llamaba para pedir consejo. De hecho, mi padre era la única persona a la que pedía consejo. También era la primera persona a la que llamaba cada vez que ocurría algo, bueno o malo.

Cuando mi carrera despegó y empecé a disfrutar de cierto éxito, quise regalarle a mi padre la posibilidad de jugar en uno de los mejores campos de golf del mundo.

Así que, durante muchos años, alrededor de las vacaciones de Navidad, los dos viajábamos a Pebble Beach para una escapada anual de golf entre padre e hijo. Era una pequeña muestra de agradecimiento por todo lo que me había dado, y esos momentos están entre los más significativos de mi vida.

Ya sea jugando en El Prado o en Pebble Beach, estos viajes no tenían que ver tanto con el golf como con pasar tiempo juntos. También podrían haber sido para ir a pescar, arreglar un coche clásico, asistir a un partido de fútbol o cualquier otro interés común de padres e hijos.

Aunque me había convertido en un hombre, necesitaba a mi padre tanto como siempre. Como padre con mis propios desafíos, mi padre me proporcionó sabios consejos y un lugar al que podía acudir en busca de consejos para la vida, como solo un padre puede hacerlo.

Echo de menos muchas cosas de mi padre, pero lo que más echo de menos son esas salidas de golf. Siempre supe lo importantes que eran, pero ahora que mi padre se ha ido, han adquirido un nuevo significado. No te equivoques, no es el golf lo que echo de menos. Son las horas que pasé con él, simplemente compartiendo tiempo.

Daría cualquier cosa por una última ronda de golf con mi padre.

* * *

Todavía hay muchos días en los que me cuesta creer que se haya ido.

Meses después de su fallecimiento, hablé ante un público de varios miles de personas, y no podía esperar a bajar del escenario para llamar a mi padre. Al igual que en conversaciones anteriores, me entusiasmaba repasar lo que había ido bien y lo que podría haber hecho mejor.

No fue hasta que la adrenalina abandonó mi cuerpo y me quedé solo entre bastidores que me di cuenta de que no podía seguir haciendo eso.

No puedo decirte cuántas veces he tenido esa misma sensación inicial y de incomodidad desde el fallecimiento de mi padre. Pero sí puedo decirte con certeza que la claridad de lo que significa una última «una vez más» en todas las partes de mi vida nunca ha sido mayor.

Si no te llevas nada más de este libro, te digo ahora que si tienes a alguien en tu vida que significa mucho para ti, empieza a vivir tu vida con la mentalidad de una última «una vez más» hacia ellos. Aprecia cada momento que pasáis juntos y vive tu vida de forma que les haga sentirse orgullosos y que te haga feliz.

No esperes.

Mi padre se avergonzaría si pensara que este libro es sobre él. Por su bien, y por el mío, no lo es. Este libro trata de vosotros y de vuestras familias, de vuestra alma, de vuestras relaciones con los demás y de los legados que estáis creando.

Solo utilizo mi relación con mi padre para ayudarte a entender por qué vivir una vida de una última «una vez más» es el estado de ánimo urgente que necesitas para vivir tu mejor vida.

* * *

La segunda cosa que quiero que entiendas es que para apreciarla plenamente tienes que tratar cada día como una nueva vida.

No hay garantías.

Tú o alguien que te importa puede estar aquí un momento y desaparecer al siguiente.

Eres bendecido cada segundo que estás vivo, y necesitas abordar esos momentos con extrema gratitud. Aprende a apreciar las cosas, grandes y pequeñas, y las personas que Dios ha traído a tu vida.

Suelta los pensamientos y las personas que te agobian. Cuando dejes ir estas cosas, las sustituirás por oportunidades y relaciones que estaban destinadas a ti. Tus prioridades cambiarán a medida que te desprendas del pasado. Demasiadas personas se quedan atascadas en las arenas movedizas de sus recuerdos, y se ahogan innecesariamente en la culpa, la ira y los estúpidos rencores que solo les perjudican a ellos mismos.

En cambio, cuando te levantes por la mañana, dite a ti mismo esto: «**Cada día que estoy vivo, renazco**».

Cuando dejas ir tu pasado, creas espacio para el aquí y el ahora. Puedes aportar energía y entusiasmo a la fugacidad de una última «una vez más» en tu vida. Puedes dirigir tu energía a lo que importa, y no a las cosas que destruirán tu bienestar interior y tus relaciones con los demás.

Cuando trates cada día como una nueva vida, encontrarás más disfrute y felicidad en las cosas que te sirven. Si tienes que mantener una última conversación con alguien, un último abrazo antes de una despedida o un último baile antes de que alguien que te importa se vaya, puedes hacerlo con la mente clara, libre de la basura mental que se interpone en el camino de vivir tu mejor vida.

No estropees el día de hoy arrastrando esa basura. En lugar de eso, tírala y sigue con las cosas que importan.

* * *

La tercera y última cosa que hay que saber es que nunca es demasiado tarde para una última «una vez más».

Tras la muerte de mi padre, me encontré con varias tarjetas mientras guardaba algunas de sus cosas. En estas tarjetas había códigos garabateados como «1-4, JL» y «1-3, PT». Estaban esparcidas por su lavabo y pegados en el espejo del baño. Estos códigos eran fechas y las iniciales del nombre de alguien, y había cientos de ellos.

No tardé en descubrir que cada una de esas tarjetas representaba a una persona a la que mi padre había ayudado a estar sobria, y las fechas eran el aniversario de sobriedad de esa persona.

Esta es la parte más notable. En esas fechas, mi padre llamaba a esa persona, le deseaba un feliz cumpleaños de sobriedad y la felicitaba. Su mensaje para ellos era simple. Todo lo que tienes que hacer es mantenerte sobrio durante UN DÍA MÁS.

Hacía estas llamadas cientos de veces al año. Todos los años. Incluso en los últimos días de su vida.

Incluso cuando estaba con oxígeno, luchando por respirar, y apenas podía susurrar, seguía llamando a las personas de sus tarjetas. A pesar de que sufría mucho dolor y agonía, y de que sabía que moriría pronto, mi padre tenía que ayudar a una persona más.

Nadie estaba mirando. Nadie habría sabido si hizo esas llamadas o no. Sin embargo, como mi padre vivía una vida de «una vez más», esta era una oportunidad para él de ayudar a un último ser humano más. Al final, su última «una vez más» fue una llamada telefónica a otra persona necesitada poco antes de que falleciera.

Nunca me he sentido tan conmovido ni más orgulloso de mi padre. Sus gestos silenciosos, amables y humildes siguen siendo un profundo ejemplo de servicio a los demás que quizá nunca pueda igualar.

Ahora ya sabes por qué me he propuesto sinceramente intentar ayudar también al mayor número posible de personas en mi vida.

Lo hago para honrar a mi padre.

Tras haber estado a punto de perder a su familia y todo aquello por lo que había trabajado, mi padre encontró un propósito y una redención. Aprovechó al máximo la última oportunidad de «una vez más» que se le dio. Nuestro ser físico muere, y en algún momento nos vamos de la Tierra. Pero el legado de mi padre vivirá a través de los tiempos.

Todos deberíamos ser tan afortunados de vivir nuestras vidas así de bien.

* * *

Dios, en su infinita sabiduría, nos dio el poder del perdón. Tómate este regalo en serio. Si tienes una relación difícil con alguien que te importa, encuentra la manera de dejar de lado vuestras diferencias.

Simplemente no sabes lo que viene después.

Cuando encuentres en tu corazón hacer de una última «una vez más» una prioridad en tu vida, no solo aligerarás las cadenas de otra persona, sino que también aligerarás tus cadenas en la vida.

Mientras veía a mi padre dar su último suspiro, caí en la cuenta de que un día todos nos enfrentaremos a nuestra última «una vez más».

Nuestro último año en la Tierra.

Nuestro último mes, nuestra última semana y nuestro último día.

Nuestra última hora.

Y, demasiado pronto, nuestro último aliento.

No puedes controlar el final, pero sí la historia que hay entre medias.

Tu capacidad para vivir tu mejor vida va a estar formada, en gran parte, por los «una vez más» que te he revelado en este libro. Estos pensamientos y acciones construirán la historia de tu vida para que, cuando tomes ese último aliento, puedas estar orgulloso de la vida que has vivido.

No esperes a que te encuentren las últimas «una vez más». Ve tras ellas con urgencia y propósito.

Cuando lo hagas, desbloquearás la lección más difícil y esencial de «una vez más».

Y al hacerlo puede que descubras el secreto de la vida misma.

Sobre el autor

Ed Mylett es un empresario de gran éxito que ha combinado sus experiencias únicas con un conjunto diverso de estrategias prácticas que le han convertido en uno de los oradores inspiradores más solicitados del mundo actual.

De joven, asistió a la Universidad del Pacífico en Stockton, en California, donde fue tres veces All-American universitario antes de que una inoportuna lesión acabara con su sueño de jugar en las grandes ligas.

A instancias de su padre, Ed se convirtió en consejero de niños desfavorecidos en lo que resultó ser uno de los puntos de inflexión de su vida. Fue allí donde empezó a apreciar la importancia de servir a los demás y a sentar las bases de los principios del éxito que pondría en práctica más adelante.

Ed es un empresario en serie que ha cosechado un éxito considerable, en parte gracias a su inigualable ética de trabajo y a su capacidad para entusiasmar a la gente con sus dinámicas presentaciones de alto octanaje. A lo largo de los años, ha participado en varias empresas tecnológicas, inmobiliarias, médicas y alimentarias, entre otras muchas, lo que le ha llevado a ser nombrado uno de los líderes más influyentes de la lista SUCCESS 125 de la revista *Success Magazine* en 2022.

Con un fuerte deseo de ayudar a la gente, Ed comenzó a compartir sus estrategias de inspiración y rendimiento en persona y por internet. En cuatro años, acumuló más de dos millones de seguidores en Instagram, escribió un libro superventas y lanzó un popular *podcast* semanal, *The Ed Mylett Show*. Ed disfruta mucho con sus seguidores y está activo en varias plataformas de redes sociales, donde sus publicaciones son vistas varios millones de veces cada mes.

Como orador principal, Ed se ha dirigido a millones de personas. Es igualmente experto en ofrecer estrategias relacionadas con el tema en reuniones íntimas, en estadios llenos de 50.000 personas o por internet ante audiencias de cientos de miles de personas.

Es conocido por combinar la espiritualidad, la fe, el funcionamiento interno de la mente y los pensamientos y acciones tácticas para ayudar a las personas a producir cambios reales en sus vidas.

Ed sigue siendo humilde en cuanto a su éxito, y atribuye su buena fortuna a su fe en Dios, a sus mentores y a las lecciones que su padre le enseñó a lo largo de la vida.

En su tiempo libre, Ed es un ávido jugador de golf, entusiasta de la salud y de la halterofilia. Él y su esposa Kristianna son los orgullosos padres de dos hijos adultos.